JURIMETRIA APLICADA AOS TRIBUNAIS DE CONTAS

GILSON PIQUERAS GARCIA

JURIMETRIA APLICADA AOS TRIBUNAIS DE CONTAS

1ª Reimpressão

Belo Horizonte

FÓRUM

CONHECIMENTO JURÍDICO

2022

© 2022 Editora Fórum Ltda.
2022 1ª Reimpressão

É proibida a reprodução total ou parcial desta obra, por qualquer meio eletrônico, inclusive por processos xerográficos, sem autorização expressa do Editor.

Conselho Editorial

Adilson Abreu Dallari
Alécia Paolucci Nogueira Bicalho
Alexandre Coutinho Pagliarini
André Ramos Tavares
Carlos Ayres Britto
Carlos Mário da Silva Velloso
Cármen Lúcia Antunes Rocha
Cesar Augusto Guimarães Pereira
Clovis Beznos
Cristiana Fortini
Dinorá Adelaide Musetti Grotti
Diogo de Figueiredo Moreira Neto (*in memoriam*)
Egon Bockmann Moreira
Emerson Gabardo
Fabrício Motta
Fernando Rossi
Flávio Henrique Unes Pereira

Floriano de Azevedo Marques Neto
Gustavo Justino de Oliveira
Inês Virgínia Prado Soares
Jorge Ulisses Jacoby Fernandes
Juarez Freitas
Luciano Ferraz
Lúcio Delfino
Marcia Carla Pereira Ribeiro
Márcio Cammarosano
Marcos Ehrhardt Jr.
Maria Sylvia Zanella Di Pietro
Ney José de Freitas
Oswaldo Othon de Pontes Saraiva Filho
Paulo Modesto
Romeu Felipe Bacellar Filho
Sérgio Guerra
Walber de Moura Agra

FÓRUM
CONHECIMENTO JURÍDICO

Luís Cláudio Rodrigues Ferreira
Presidente e Editor

Coordenação editorial: Leonardo Eustáquio Siqueira Araújo
Aline Sobreira de Oliveira

Rua Paulo Ribeiro Bastos, 211 – Jardim Atlântico – CEP 31710-430
Belo Horizonte – Minas Gerais – Tel.: (31) 2121.4900
www.editoraforum.com.br – editoraforum@editoraforum.com.br

Técnica. Empenho. Zelo. Esses foram alguns dos cuidados aplicados na edição desta obra. No entanto, podem ocorrer erros de impressão, digitação ou mesmo restar alguma dúvida conceitual. Caso se constate algo assim, solicitamos a gentileza de nos comunicar através do *e-mail* editorial@editoraforum.com.br para que possamos esclarecer, no que couber. A sua contribuição é muito importante para mantermos a excelência editorial. A Editora Fórum agradece a sua contribuição.

Dados Internacionais de Catalogação na Publicação (CIP) de acordo com ISBD

G216j	Garcia, Gilson Piqueras
	Jurimetria aplicada aos Tribunais de Contas / Gilson Piqueras Garcia. 1. Reimpressão. - Belo Horizonte : Fórum, 2022.
	182p. : il. ; 14,5cm x 21,5cm.
	Inclui bibliografia.
	ISBN: 978-65-5518-297-2
	1. Direito. 2. Direito Administrativo. 3. Jurimetria. 4. Controle Externo. 5. Tribunais de Contas. I. Título.
	CDD 341.3
2021-4032	CDU 342.9

Elaborado por Vagner Rodolfo da Silva - CRB-8/9410

Informação bibliográfica deste livro, conforme a NBR 6023:2018 da Associação Brasileira de Normas Técnicas (ABNT):
GARCIA, Gilson Piqueras. *Jurimetria aplicada aos Tribunais de Contas*. 1. Reimpr. Belo Horizonte: Fórum, 2022. 182p. ISBN 978-65-5518-297-2.

SUMÁRIO

PREFÁCIO 9

APRESENTAÇÃO 13

INTRODUÇÃO 17

CAPÍTULO 1
DESCREVENDO OS TRIBUNAIS 19
1.1   Tipos de variáveis 21
1.2   Análise unidimensional 23
1.2.1   Tabelas de distribuição de frequências 23
1.2.2   Gráficos para variáveis qualitativas ou categóricas 26
1.2.3   Gráficos para variáveis quantitativas 29
1.2.4   Medidas de posição 31
1.2.5   Medidas de dispersão 33
1.2.6   Quartis 34
1.2.7   *Box plot* 35
1.3   Análise bidimensional 37
1.3.1   Associação entre duas variáveis qualitativas 37
1.3.2   Associação entre uma variável qualitativa e uma quantitativa 42
1.3.3   Associação entre duas variáveis quantitativas 46

CAPÍTULO 2
EXPLICANDO OS TRIBUNAIS 51
2.1   Regressões lineares 52
2.1.1   Regressão linear simples com variáveis quantitativas 52
2.1.2   Regressão linear simples com variáveis explicativas qualitativas 57
2.1.3   Regressão linear múltipla com uma variável explicativa
        quantitativa e uma qualitativa 61
2.1.4   Regressão linear múltipla com variáveis quantitativas
        e qualitativas 63

2.2   Regressão logística...64

2.2.1   Regressão logística simples com variável explicativa quantitativa....64

2.2.2   Regressão logística simples com variável explicativa qualitativa......68

2.2.3   Regressão logística múltipla com variáveis explicativas quantitativas e qualitativas...71

CAPÍTULO 3

VIGÊNCIA E DESAFIOS DA LEI DE RESPONSABILIDADE FISCAL, JURIMETRIA E TRIBUNAIS DE CONTAS: UM ESTUDO QUANTITATIVO SOBRE O TRIBUNAL DE CONTAS DO MUNICÍPIO DE SÃO PAULO....75

3.1   Introdução....75

3.2   Referencial teórico....77

3.3   Metodologia....80

3.4   Resultados....80

3.5   Análise dos resultados....88

3.6   Considerações finais....91

       Referências....92

CAPÍTULO 4

TRIBUNAIS DE CONTAS E JURIMETRIA: UM MODELO DE ANÁLISE PARA AS DENÚNCIAS APRESENTADAS AO TRIBUNAL DE CONTAS DA UNIÃO....95

4.1   Introdução....95

4.2   Referencial teórico....97

4.3   Métodos e técnicas....100

4.4   Análise dos resultados....101

4.4.1   Representatividade....101

4.4.2   Conhecimento e procedência....109

4.5   Considerações finais....110

       Referências....110

CAPÍTULO 5

SITUAÇÕES DE EMERGÊNCIA, CONTROLE SOCIAL, TRIBUNAIS DE CONTAS E JURIMETRIA: UM ESTUDO DAS DECISÕES SOBRE DENÚNCIAS E REPRESENTAÇÕES APRESENTADAS AO TRIBUNAL DE CONTAS DA UNIÃO....113

5.1   Introdução....113

5.2   Referencial teórico....114

5.3	Metodologia	116
5.3.1	Escolha das variáveis	116
5.3.2	Construção da base de dados	118
5.4	Análise dos resultados	119
5.4.1	Estatística Descritiva (Análise exploratória de dados)	119
5.4.2	Regressão logística – Modelo explicativo	122
5.4.3	Regressão logística – Modelo preditivo	128
5.4.4	Considerações finais	129
	Referências	130

CAPÍTULO 6

SAÚDE, TRIBUNAIS DE CONTAS E JURIMETRIA: UM ESTUDO
SOBRE OS ACÓRDÃOS DO TRIBUNAL DE CONTAS DA
UNIÃO 133

6.1	Introdução	133
6.2	Referencial teórico	134
6.3	Métodos e técnicas	137
6.4	Análise exploratória de dados (Estatística Descritiva)	139
6.5	Regressão logística (Modelo explicativo)	146
6.6	Considerações finais	153
	Referências	153

CAPÍTULO 7

TRIBUNAIS DE CONTAS, CONTROLE PREVENTIVO,
CONTROLE SOCIAL E JURIMETRIA: UM ESTUDO SOBRE AS
REPRESENTAÇÕES PARA SUSPENSÃO DE LICITAÇÕES..............157

7.1	Introdução	157
7.2	Fundamentação teórica	159
7.2.1	Controle preventivo	159
7.2.2	Jurimetria	163
7.3	Metodologia da pesquisa	164
7.4	Resultados da pesquisa	165
7.5	Análise e discussão dos resultados	166
7.5.1	Análise exploratória de dados (Estatística Descritiva)	166
7.5.2	Regressão logística – Modelo explicativo	170
7.5.2	Regressão logística – Modelo preditivo	179
7.6	Considerações finais	179
	Referências	180

PREFÁCIO

A comprovação empírica sempre foi um imperativo nas ciências exatas, sendo de praxe a demonstração com dados e experimentos replicáveis para que novas teorias fossem aceitas pela comunidade científica. Com esta finalidade, equipamentos de medição de tempo, espaço, velocidade e aceleração são imprescindíveis para que os cientistas da física, por exemplo, possam demonstrar aquilo que julgam ser as leis que governam o universo em que vivemos.

Nas ciências humanas o papel do estudo empírico assume contornos diferentes, mas não menos importantes. Ele se presta não exatamente a demonstrar a inequívoca veracidade de uma ou outra teoria, mas sim mostrar com clareza de que forma as instituições e arcabouços legais que escolhemos performam em termos práticos e servir como bússola para ajustes institucionais que tragam resultados mais próximos daquilo que esperamos como sociedade.

A jurimetria surge com este objetivo. A partir do uso da estatística no estudo de dados jurídicos, é possível medir com precisão inúmeros fenômenos que antes não eram passíveis de aferição, oferendo ao pesquisador diversos escopos de análise.

A jurisprudência, tradicionalmente relegada a um segundo plano uma vez que não havia recursos tecnológicas disponíveis para análise do enorme conjunto de dados quantitativos e qualitativos nela presentes, ganha na jurimetria posição de destaque através do uso de métodos estatísticos e novas tecnologias computacionais

Assim como a invenção do microscópio eletrônico possibilitou à biologia imagens de estruturas impossíveis de serem observadas com os instrumentos até então ao alcance dos cientistas, no âmbito do direito a implementação dos processos eletrônicos conseguiu colocar os dados que antes eram guardados de forma física, em papel, nas mãos dos cientistas do direito.

Tanto para os formuladores de políticas públicas que desejam verificar se suas ações estão dando o resultado esperado quanto para advogados que precisam identificar caminhos legais que tenham maior probabilidade de sucesso para seus clientes, a jurimetria é de grande utilidade e consegue oferecer respostas claras e independentes de julgamentos subjetivos.

O fato da jurimetria depender de conhecimentos multidisciplinares tende a criar uma certa resistência inicial na comunidade jurídica, o que é compreensível. Estudos jurimétricos devem unir a compreensão do direito e das leis, habilidades computacionais para a coleta dos dados necessários (nem sempre organizados ou reunidos em um sítio eletrônico apenas) e conhecimentos estatísticos para tratá-los e chegar em resultados com significância real.

O livro "Jurimetria Aplicada aos Tribunais de Contas" de Gilson Garcia é uma obra que demonstra grande conhecimento do autor, trazendo importante contribuição para a difusão da jurimetria através do estudo de casos relacionados a processos abertos junto aos Tribunais de Contas nacionais.

Além de se propor a ensinar de forma clara métodos estatísticos muito úteis nos primeiros dois capítulos da obra, o livro traz nos demais capítulos estudos jurimétricos que jogam luz sobre a atuação dos Tribunais de Contas em temas de grande interesse social.

Como exemplos, o capítulo 3 traz um interessante estudo sobre a aplicação da Lei de Responsabilidade Fiscal pelo Tribunal de Contas do Município de São Paulo, selecionando-se 112 julgados que tramitaram entre os anos de 2000 e 2019. Verificou-se que, dentre os órgãos investigados, o que obteve maior incidência foi a Prefeitura do Município de São Paulo, com 15,2% dos casos, seguida da Câmara Municipal de São Paulo com 13,4% e da Secretaria Municipal de Educação com 12,5%. Também se observou que apenas cinco órgãos foram responsáveis por mais da metade (55,4%) dos casos, sendo eles, além dos acima citados, a Secretaria Municipal de Serviços e Obras e a Secretaria Municipal de Cultura.

Já no capítulo 7, julgados do Tribunal de Contas da União são analisados com resultados que ajudam a entender a efetividade dos processos em relação ao controle de licitações públicas. Para processos do tipo representação, 69% dos 855 julgados objetos da análise tiveram pedidos de medida cautelar deferidos para o fim de suspender a licitação. Outro interessante dado é o número de processos deste mesmo tipo apresentados ao TCU ao longo dos anos, partindo-se de 3 para o período de 2000-2002, e a partir daí crescendo rapidamente até atingir seu pico no período 2011-2014 com 307 ocorrências, para então passar a uma trajetória decrescente, com 251 para o período 2015 a 2018.

Trabalhos como este fazem com que o leitor se pergunte as razões pelas quais os dados aqui expostos apresentam as magnitudes mostradas e instigam outros pesquisadores a estudar as causas destes fenômenos. Este, segundo o próprio autor, é exatamente o objetivo do livro.

Marcelo Guedes Nunes
Presidente da Associação Brasileira de Jurimetria.

APRESENTAÇÃO

Eu me recordo de ter ouvido pela primeira vez a palavra Jurimetria em 2018, quando convidei a Professora Juliana Luvizotto para falar sobre Pesquisa em Jurisprudência numa de minhas aulas na disciplina Metodologia da Pesquisa Científica na primeira turma do Curso de Especialização em Direito Público da Escola de Contas do Tribunal de Contas do Município de São Paulo (TCMSP). Percebi imediatamente o enorme potencial de aplicar a Estatística ao Direito e, como consequência, eu e a Professora Juliana organizamos uma primeira palestra, "Jurimetria e Estratégia no Direito", no início de 2019, proferida pelo Professor Marcelo Guedes Nunes, Presidente da Associação Brasileira de Jurimetria (ABJ), no auditório da Escola de Contas do TCMSP.

Logo depois, escrevemos o artigo "Jurimetria e Tribunais de Contas" que foi selecionado para ser apresentado, no final de 2019, no Primeiro Congresso Internacional de Tribunais de Contas, em Foz do Iguaçu. Ao final da apresentação, o Professor Gleison Mendonça Diniz, convidou-nos para submeter um trabalho à *Revista Controle* do Tribunal de Contas do Estado do Ceará (TCECE), da qual ele é editor. Durante esse Congresso, Luís Cláudio Rodrigues Ferreira, Presidente da Editora Fórum, me incentivou a escrever um livro sobre Jurimetria.

Uma parte substancial da disciplina Metodologia da Pesquisa Científica para a segunda turma do Curso de Especialização em Direito Público, em 2019, foi dedicada ao ensino da Jurimetria, o que resultou no Trabalho de Conclusão de Curso, sob minha orientação: "A Jurimetria e o Tribunal de Contas do Município de São Paulo: uma análise dos acompanhamentos de licitações e contratos".

Em função da aceitação do convite feito pelo Professor Gleison, a edição do primeiro semestre de 2020 da *Revista Controle* do TCECE trouxe como um dos artigos de capa o trabalho escrito por mim e pela Professora Juliana, "A jurimetria e sua aplicação nos tribunais de contas: análise de estudo sobre o Tribunal de Contas da União (TCU)". Ainda no início de 2020 escrevemos o capítulo "O diálogo entre o Poder Judiciário e o Tribunal de Contas do Município de São Paulo no controle das concessões municipais" do livro "Experiências Práticas em Concessões e PPP", publicado ao final do mesmo ano e que contém um estudo jurimétrico.

No primeiro semestre de 2020, meu artigo "Vigência e desafios da Lei de Responsabilidade Fiscal, Jurimetria e Tribunais de Contas: um estudo quantitativo sobre o Tribunal de Contas do Município de São Paulo" foi publicado na *Revista Cadernos* do Tribunal de Contas do Estado de São Paulo (TCESP) e resultou numa entrevista gravada em *podcast* no projeto PodContas do TCESP, organizado por Mauricio de Freitas Bento. Ainda no primeiro semestre de 2020, fiz um curso de Jurimetria com o Professor José de Jesus, no qual aprendi a utilizar o programa R nos estudos jurimétricos.

No segundo semestre de 2020, tive quatro artigos sobre Jurimetria publicados. "Tribunais de Contas e Jurimetria: um modelo de análise para as denúncias apresentadas ao Tribunal de Contas da União" foi publicado pela *Revista do Tribunal de Contas do Estado do Rio de Janeiro* (TCERJ). A *Revista Cadernos* do TCESP publicou "Saúde, Tribunais de Contas e Jurimetria", o que originou uma nova entrevista gravada para o PodContas do TCESP. "Controle Social, Tribunais de Contas e Jurimetria: um estudo sobre as denúncias apresentadas ao Tribunal de Contas da União" foi publicado pela *Revista Controle Externo do Tribunal de Contas do Estado de Goiás* (TCEGO). Finalmente, "Situações de Emergência, Controle Social, Tribunais de Contas e Jurimetria: um estudo das decisões sobre denúncias e representações apresentadas ao Tribunal de Contas da União" foi publicado pela *Revista da CGU*. Este último trabalho foi selecionado para ser apresentado no Sexto Seminário Internacional sobre Análise de Dados na Administração Pública, organizado pelo Tribunal de Contas da União (TCU) e pela Controladoria-Geral da União (CGU), no final de 2020.

Ainda em 2020, eu e a Professora Juliana organizamos mais duas palestras virtuais sobre Jurimetria, que foram transmitidas e estão gravadas no canal do *YouTube* da Escola de Contas do TCMSP: "Jurimetria na atualidade: aspectos práticos, problemas reais e soluções" proferida por José de Jesus e "Jurimetria na atualidade: aspectos práticos, problemas reais e soluções", ministrada por Júlio Trecenti, Secretário-Geral da Associação Brasileira de Jurimetria. Quando lecionei a disciplina Metodologia da Pesquisa Científica para a terceira turma do Curso de Especialização em Direito Público, no final de 2020, a Jurimetria ocupou ainda mais espaço, o que resultou em dois projetos de TCC sobre o tema.

Já no primeiro semestre de 2021, foi publicado meu artigo "Tribunais de contas, controle preventivo, controle social e jurimetria: um estudo sobre as representações para suspensão de licitações" pela *Revista Controle* do TCE do Ceará.

Depois desse intenso trabalho com a Jurimetria, decidi que era hora de escrever um livro sobre o tema, atendendo o incentivo do Luís Cláudio da Editora Fórum e considerando que no mercado editorial praticamente não existem ofertas sobre a matéria.

Agradeço imensamente às pessoas citadas neste texto e a todas as outras que me auxiliaram nesta trajetória e especialmente à Juliana Luvizotto e ao Júlio Trecenti, que gentilmente revisaram os originais e fizeram valiosíssimas contribuições que foram incorporadas ao texto.

INTRODUÇÃO

Este livro trata o Direito como Ciência e a essência da Ciência é a observação. As pesquisas científicas podem ser qualitativas ou quantitativas. A Estatística permite tratar quantitativamente as observações de modo a confirmar ou refutar hipóteses formuladas no campo teórico da pesquisa, num movimento dedutivo. Permite ainda, da observação dos dados, rever a teoria, por meio da indução.

O Direito é, provavelmente, a última das Ciências Sociais Aplicadas a utilizar a Estatística. A Jurimetria, que é a Estatística aplicada ao Direito, é o polo quantitativo dos Estudos Empíricos do Direito, corrente ligada ao Realismo Jurídico, de origem norte-americana, que se preocupa com os aspectos concretos da aplicação da lei. Assim como a Economia, que por meio da Econometria experimentou um enorme avanço décadas atrás, a Jurimetria, que tem ocupado um espaço crescente nas pesquisas científicas no Direito, traz uma nova visão do universo jurídico.

Os Tribunais de Contas, assim como os demais Tribunais, têm uma enorme quantidade de dados que pode ser transformada em informação relevante para a sociedade. Os processos eletrônicos e a disponibilização das decisões nos sítios eletrônicos de jurisprudência dos Tribunais de Contas facilitou muito a acessibilidade dos dados, e o extraordinário avanço da Ciência de Dados nos últimos anos tem permitido sua coleta, tratamento e análise, de uma maneira relativamente fácil, por exemplo, com emprego do pacote estatístico livre R, que se utiliza nesta obra,

O livro busca abordar as questões colocadas nos parágrafos acima. Para tratar da Jurimetria, a obra está dividida em sete capítulos. Os capítulos 1 e 2 usam os acórdãos de um período de 10 anos, 2011 a 2020, coletados no sítio de jurisprudência do Tribunal de Contas da União (TCU), para ilustrar técnicas estatísticas. O capítulo 1 trata da Estatística Descritiva, ou Análise Exploratória de Dados, em que os Tribunais são descritos em forma de variáveis (relator, tipo de processo, duração do processo, etc.) e unidades de análise (acórdãos). As distribuições das variáveis, tanto quantitativas quanto qualitativas, são apresentadas individualmente ou duas a duas (análise bidimensional), em forma de tabelas e gráficos, e também por meio de medidas como média, desvio padrão, etc.

O capítulo 2 trata das Regressões Lineares e Logísticas (Inferência Estatística). A partir de questões levantadas pela observação das distribuições dos dados no capítulo 1, o conceito de regressão é apresentado para fornecer explicações. Por meio da Regressão Linear, o comportamento de uma variável quantitativa, a duração do processo, é estudado em função de outras variáveis (relator, aplicação de multas, etc.). Por outro lado, o conceito de Regressão Logística é utilizado para estudar o comportamento de uma variável qualitativa, a aplicação ou não de multas nos julgados, em relação a variáveis como tipo de processo, duração, etc.

Os capítulos 3 a 7 aplicam os conceitos, estudados nos capítulos 1 e 2, a problemas específicos dos Tribunais de Contas. O capítulo 3 usa a Estatística Descritiva e a Amostragem para estudar a aplicação da Lei de Responsabilidade Fiscal pelo Tribunal de Contas do Município de São Paulo (TCMSP). O capítulo 4, também por meio da Estatística Descritiva, analisa as denúncias apresentadas ao TCU.

Os capítulos 5, 6 e 7 trazem estudos que aplicam a Estatística Descritiva e a Regressão Logística aos julgados do TCU. O capítulo 5 estuda as denúncias e representações apresentadas em situações de emergência, enquanto o capítulo 6 analisa os julgados sobre entidades de saúde, e finalmente, o capítulo 7 estuda as representações apresentadas ao TCU para suspensão de licitações.

CAPÍTULO 1

DESCREVENDO OS TRIBUNAIS

Ao se analisar a jurisprudência de um Tribunal, como o Tribunal de Contas da União (TCU), podem surgir uma série de indagações:
1 – Quantos acórdãos tem cada Ministro Relator?
2 – Quantas decisões existem por tipo de processo?
3 – Qual é o porcentual de decisões que aplicam multa?
4 – Quantos acórdãos existem por ano de abertura do processo?
5 – Quantos processos são julgados a cada ano?
6 – Qual o relator, tipo de processo, ano de autuação do processo e ano do julgado com o maior número de julgados?
7 – Qual a duração média dos processos?
8 – Como é a variabilidade da duração dos processos?

Para responder estas questões será utilizada a Estatística Descritiva, chamada também de Análise Exploratória de Dados, por meio de técnicas como tabelas e gráficos. O objetivo é obter a maior quantidade possível de informação dos dados, que apontem para possíveis modelos a serem investigados numa etapa posterior, a Inferência Estatística, que será objeto do capítulo 2.

Para ilustrar os capítulos 1 e 2 deste livro serão utilizados os julgados do Tribunal de Contas da União dos anos de 2011 a 2020. Estes dados podem ser coletados na seção de pesquisa de jurisprudência do sítio eletrônico do Tribunal de Contas da União (TCU), conforme Figura 1.1 (https://pesquisa.apps.tcu.gov.br/#/pesquisa/acordao-completo).

FIGURA 1.1
Pesquisa de jurisprudência do TCU

Estes dados foram exportados para uma planilha Excel® conforme Figura 1.2.

FIGURA 1.2
Planilha dos acórdãos do TCU

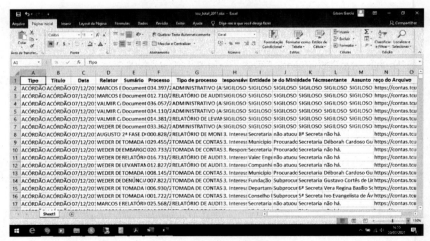

Esta planilha tem 52.499 linhas referentes aos acórdãos e 14 colunas: Tipo, Título, Data, Relator, Sumário, Processo, Tipo de processo, Interessado, Responsável/Recorrente, Entidade, Representante do Ministério Público, Unidade Técnica, Representante Legal, Assunto, Endereço do Arquivo. A planilha pode ser exportada para um *software* estatístico, como o pacote R, que será utilizado para tratar, filtrar e analisar os dados neste livro (Figura 1.3).

FIGURA 1.3
Planilha dos acórdãos do TCU no R

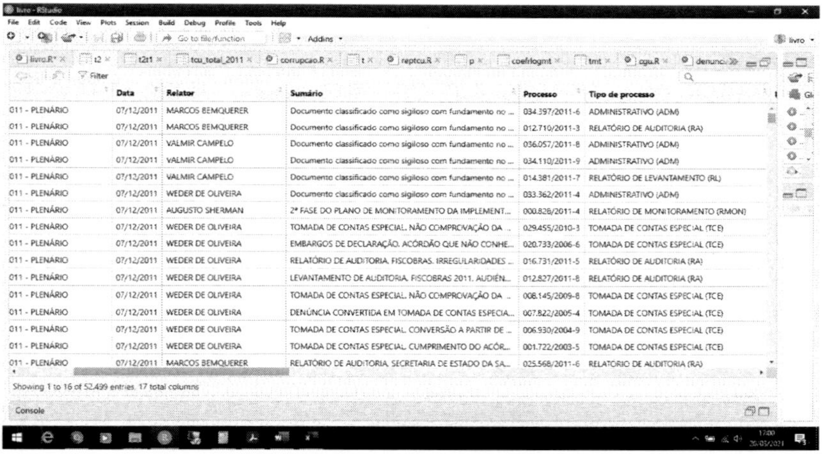

1.1 Tipos de variáveis

Para construir a base de dados que será utilizada nos capítulos 1 e 2, por meio do pacote R, aplicou-se um filtro para remover as linhas referentes a processos sigilosos, que não têm informações suficientes para a análise dos dados, resultando num novo conjunto de 51.183 julgados (acórdãos).

Desse conjunto foram retiradas duas colunas (relator e tipo de processo) e criadas quatro novas colunas (aplicação ou não de multa, ano de abertura do processo, ano do julgado e duração do processo), por meio de tratamento dos dados, resultando numa nova planilha com os dados necessários e suficientes para a análise (Figura 1.4). Esta planilha tem seis colunas (variáveis) e 51.183 linhas (julgados).

FIGURA 1.4

Planilha com as variáveis para análise no R

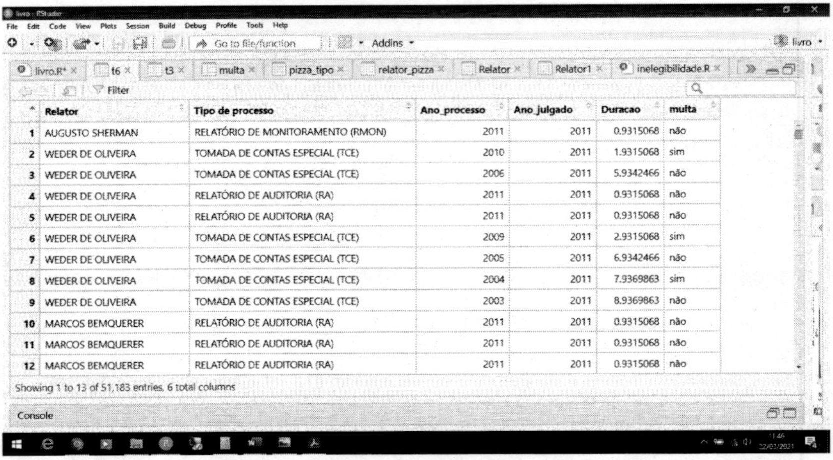

	Relator	Tipo de processo	Ano_processo	Ano_julgado	Duracao	multa
1	AUGUSTO SHERMAN	RELATÓRIO DE MONITORAMENTO (RMON)	2011	2011	0.9315068	não
2	WEDER DE OLIVEIRA	TOMADA DE CONTAS ESPECIAL (TCE)	2010	2011	1.9315068	sim
3	WEDER DE OLIVEIRA	TOMADA DE CONTAS ESPECIAL (TCE)	2006	2011	5.9342466	não
4	WEDER DE OLIVEIRA	RELATÓRIO DE AUDITORIA (RA)	2011	2011	0.9315068	não
5	WEDER DE OLIVEIRA	RELATÓRIO DE AUDITORIA (RA)	2011	2011	0.9315068	não
6	WEDER DE OLIVEIRA	TOMADA DE CONTAS ESPECIAL (TCE)	2009	2011	2.9315068	sim
7	WEDER DE OLIVEIRA	TOMADA DE CONTAS ESPECIAL (TCE)	2005	2011	6.9342466	não
8	WEDER DE OLIVEIRA	TOMADA DE CONTAS ESPECIAL (TCE)	2004	2011	7.9369863	sim
9	WEDER DE OLIVEIRA	TOMADA DE CONTAS ESPECIAL (TCE)	2003	2011	8.9369863	não
10	MARCOS BEMQUERER	RELATÓRIO DE AUDITORIA (RA)	2011	2011	0.9315068	não
11	MARCOS BEMQUERER	RELATÓRIO DE AUDITORIA (RA)	2011	2011	0.9315068	não
12	MARCOS BEMQUERER	RELATÓRIO DE AUDITORIA (RA)	2011	2011	0.9315068	não

Showing 1 to 13 of 51,183 entries, 6 total columns

Os acórdãos têm variáveis que são atributos ou qualidades, como relator, tipo do processo e aplicação ou não de multa. Estas variáveis são chamadas *qualitativas* ou categóricas. Outras variáveis são resultado de contagem, medição ou cálculo, como ano do processo, ano do julgado e duração do processo, e são chamadas *quantitativas*.

Um tipo especial de variável qualitativa é a variável *binária* (ou dicotômica), que tem apenas duas categorias, como, por exemplo, a aplicação ou não de multa (sim ou não). As variáveis quantitativas podem ser de dois tipos. As variáveis quantitativas *discretas* são representadas por números inteiros, normalmente resultado de uma contagem, como o ano do processo e o ano do julgado. As variáveis quantitativas *contínuas* são representadas por números reais, normalmente produto de medição ou cálculo, como a duração do processo.

O Quadro 1.1 mostra o tipo de variável para as colunas da planilha da Figura 1.4.

QUADRO 1.1
Tipos de variáveis

Variável	Qualitativa ou categórica	Quantitativa	Tipo
Relator	X		
Tipo de processo	X		
Multa	X		Binária
Ano do processo		X	Discreta
Ano do julgado		X	Discreta
Duração do processo		X	Contínua

1.2 Análise unidimensional

1.2.1 Tabelas de distribuição de frequências

Quando se estuda uma variável, uma das informações mais importantes para entender seu comportamento é a sua *distribuição de frequências* (n_i). Também bastante úteis são a distribuição de proporções (f_i) e porcentagens (p_i), onde:

$$f_i = \frac{n_i}{n_{total}} \qquad (1.1)$$

$$p_i = 100 \times f_i \qquad (1.2)$$

As Tabelas 1.1, 1.2, 1.3, 1.4 e 1.5, apresentam as distribuições de frequência, proporção, porcentagem e porcentagem acumulada das variáveis relator, tipo de processo, aplicação de multa, ano de abertura do processo e ano do julgado. Por meio da Tabela 1.1 pode-se responder à primeira pergunta proposta no início deste capítulo: Quantos acórdãos tem cada Ministro Relator?

TABELA 1.1
Relator

RELATOR	Frequência (n$_i$)	Proporção (f$_i$)	Porcentagem (p$_i$)	Porcentagem acumulada
ANA ARRAES	4.644	0,091	9,1	9,1
ANDRÉ DE CARVALHO	4.364	0,085	8,5	17,6
AROLDO CEDRAZ	4.141	0,081	8,1	25,7
AUGUSTO NARDES	4.141	0,081	8,1	33,8
AUGUSTO SHERMAN	3.936	0,077	7,7	41,5
BENJAMIN ZYMLER	3.903	0,076	7,6	49,1
BRUNO DANTAS	3.609	0,071	7,1	56,1
JOSÉ JORGE	3.588	0,070	7,0	63,2
JOSÉ MUCIO MONTEIRO	3.341	0,065	6,5	69,7
MARCOS BEMQUERER	3.082	0,060	6,0	75,7
RAIMUNDO CARREIRO	3.081	0,060	6,0	81,7
UBIRATAN AGUIAR	2.909	0,057	5,7	87,4
VALMIR CAMPELO	2.423	0,047	4,7	92,1
VITAL DO RÊGO	2.351	0,046	4,6	96,7
WALTON ALENCAR RODRIGUES	1.280	0,025	2,5	99,2
WEDER DE OLIVEIRA	390	0,008	0,8	100,0
TOTAL	51.183	1,000	100,0	100,0

Observando a Tabela 1.2 é possível responder à segunda pergunta: Quantas decisões existem por tipo de processo? Da comparação das Tabelas 1.1 e 1.2, nota-se que a distribuição da variável tipo de processo é mais concentrada do que a da variável relator. Enquanto os três primeiros relatores respondem por 25,7% dos julgados, os três primeiros tipos de processo acumulam 71,1% dos acórdãos.

TABELA 1.2
Tipo de processo

(continua)

TIPO DE PROCESSO	Frequência (n$_i$)	Proporção (f$_i$)	Porcentagem (p$_i$)	Porcentagem acumulada
TOMADA DE CONTAS ESPECIAL (TCE)	21.203	0,414	41,4	41,4
APOSENTADORIA (APOS)	8.986	0,176	17,6	59,0
REPRESENTAÇÃO (REPR)	6.201	0,121	12,1	71,1
RELATÓRIO DE AUDITORIA (RA)	3.759	0,073	7,3	78,4
PENSÃO CIVIL (PCIV)	2.669	0,052	5,2	83,7
PRESTAÇÃO DE CONTAS (PC)	1.318	0,026	2,6	86,2
SOLICITAÇÃO DO CONGRESSO NACIONAL (SCN)	937	0,018	1,8	88,1

CAPÍTULO 1
DESCREVENDO OS TRIBUNAIS · 25

(conclusão)

TIPO DE PROCESSO	Frequência (n$_i$)	Proporção (f$_i$)	Porcentagem (p$_i$)	Porcentagem acumulada
MONITORAMENTO (MON)	846	0,017	1,7	89,7
RELATÓRIO DE LEVANTAMENTO (RL)	741	0,014	1,4	91,2
ATOS DE ADMISSÃO (ADS)	669	0,013	1,3	92,5
DENÚNCIA (DEN)	574	0,011	1,1	93,6
PENSÃO MILITAR (PMIL)	420	0,008	0,8	94,4
ADMINISTRATIVO (ADM)	373	0,007	0,7	95,1
TOMADA DE CONTAS (TC)	352	0,007	0,7	95,8
RELATÓRIO DE ACOMPANHAMENTO (RACOM)	323	0,006	0,6	96,5
OUTROS (18 TIPOS)	1.812	0,035	3,5	100,0
TOTAL	51.183	1,000	100,0	100,0

Na Tabela 1.3 está a resposta para a terceira questão: Qual é o porcentual de decisões que aplicam multa?

TABELA 1.3
Aplicação de multa no julgado

APLICAÇÃO DE MULTA	Frequência (n$_i$)	Proporção (f$_i$)	Porcentagem (p$_i$)
Não	32.712	0,639	63,9
Sim	18.471	0,361	36,1
TOTAL	51.183	1,000	100,0

A Tabela 1.4 apresenta a quantidade de processos abertos por ano, e responde à quarta pergunta (Quantos acórdãos existem por ano de abertura do processo?).

TABELA 1.4
Ano de abertura do processo

(continua)

ANO DO PROCESSO	Frequência (n$_i$)	Proporção (f$_i$)	Porcentagem (p$_i$)	Porcentagem Acumulada
1979-2000	459	0,009	0,9	0,9
2001	198	0,004	0,4	1,3
2002	300	0,006	0,6	1,9
2003	408	0,008	0,8	2,7
2004	483	0,009	0,9	3,6
2005	670	0,013	1,3	4,9
2006	904	0,018	1,8	6,7

(conclusão)

ANO DO PROCESSO	Frequência (n_i)	Proporção (f_i)	Porcentagem (p_i)	Porcentagem Acumulada
2007	1.207	0,024	2,4	9,0
2008	1.540	0,030	3,0	12,1
2009	3.117	0,061	6,1	18,1
2010	4.341	0,085	8,5	26,6
2011	4.561	0,089	8,9	35,5
2012	4.957	0,097	9,7	45,2
2013	4.932	0,096	9,6	54,9
2014	5.008	0,098	9,8	64,6
2015	4.782	0,093	9,3	74,0
2016	3.537	0,069	6,9	80,9
2017	2.869	0,056	5,6	86,5
2018	2.234	0,044	4,4	90,9
2019	2.829	0,055	5,5	96,4
2020	1.847	0,036	3,6	100,0
TOTAL	51.183	1,000	100,0	100,0

A quinta pergunta (Quantos processos são julgados a cada ano?) pode ser respondida por meio da observação da Tabela 1.5.

TABELA 1.5
Ano do julgado

ANO DO JULGADO	Frequência (n_i)	Proporção (f_i)	Porcentagem (p_i)	Porcentagem Acumulada
2011	5.355	0,10	10,5	10,5
2012	5.201	0,10	10,2	20,6
2013	4.676	0,09	9,1	29,8
2014	4.910	0,10	9,6	39,4
2015	4.544	0,09	8,9	48,2
2016	5.217	0,10	10,2	58,4
2017	4.727	0,09	9,2	67,7
2018	4.705	0,09	9,2	76,9
2019	4.571	0,09	8,9	85,8
2020	7.277	0,14	14,2	100,0
TOTAL	51.183	1,00	100,0	100,0

1.2.2 Gráficos para variáveis qualitativas ou categóricas

As tabelas têm a vantagem de apresentar os valores com precisão, mas não é possível visualizar a forma das distribuições. Para superar esta dificuldade utilizam-se os gráficos. Um dos tipos mais comuns de gráfico para variáveis qualitativas é o *gráfico de barras*. Os Gráficos 1.1 a 1.3 são os gráficos de barras para as variáveis relator, tipo de processo e multa.

GRÁFICO 1.1
Relator

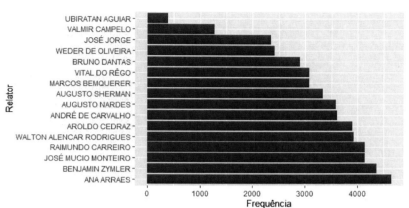

O Gráfico 1.2 exibe a distribuição de frequências da variável tipo de processo, para os tipos de processo com mais de 300 julgados. Da comparação dos gráficos 1.1 e 1.2 é fácil visualizar que a distribuição da variável tipo de processo é mais concentrada que a da variável relator.

GRÁFICO 1.2
Tipo de processo

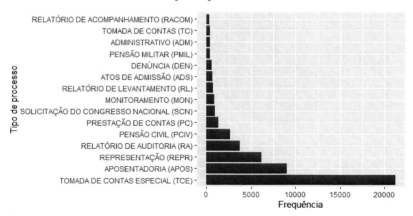

GRÁFICO 1.3
Multa

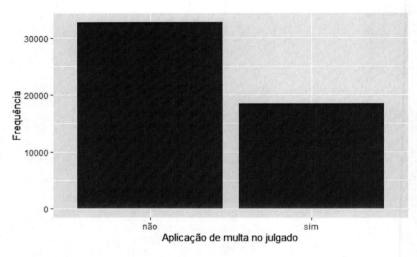

Outro tipo de gráfico bastante utilizado para variáveis qualitativas é o *gráfico de setores* (também conhecido como gráfico tipo pizza). Os Gráficos 1.4 a 1.6 são gráficos de setores para as variáveis relator, tipo de processo e multa.

GRÁFICO 1.4
Relator

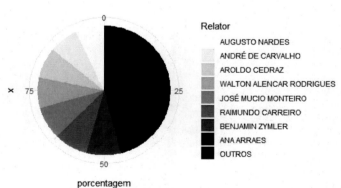

GRÁFICO 1.5
Tipo de processo

GRÁFICO 1.6
Multa

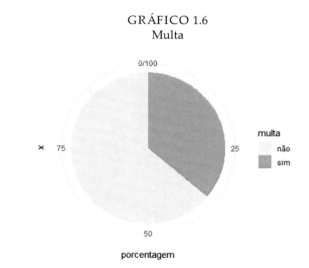

1.2.3 Gráficos para variáveis quantitativas

O *gráfico de barras* também é normalmente usado para variáveis quantitativas *discretas* e está mostrado abaixo para o ano do processo, de 1996 a 2000, e para o ano do julgado (Gráficos 1.7 e 1.8). Nota-se que a distribuição do ano do processo tem uma cauda, ou assimetria, para a esquerda.

GRÁFICO 1.7
Ano de abertura do processo

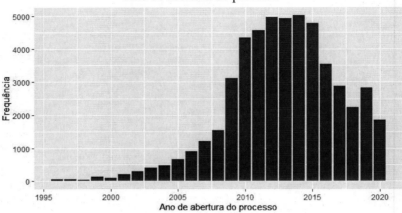

Comparando os Gráficos 1.7 e 1.8 observa-se que a distribuição da variável ano do processo é mais concentrada que a do ano do julgado.

GRÁFICO 1.8
Ano do julgado

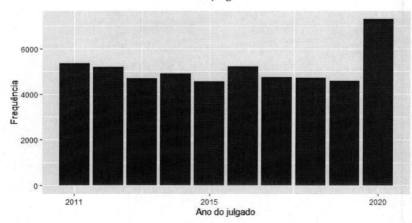

As variáveis quantitativas *contínuas* são representadas por *histogramas*, em que todos as frequências dos valores contidos em determinado intervalo são representadas por uma barra. O Gráfico

1.9 mostra o histograma para a variável duração do processo, para intervalos de 1 ano e duração máxima de 15 anos.

GRÁFICO 1.9
Histograma da duração do processo

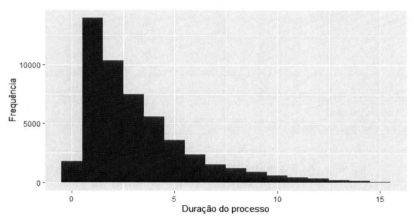

1.2.4 Medidas de posição

As medidas de posição resumem a distribuição de uma variável em um ou alguns valores que são representativos de toda a distribuição. Normalmente é utilizada uma das seguintes medidas de posição central: média, mediana ou moda. A moda é a resposta à sexta pergunta formulada no início do capítulo: Qual o relator, tipo de processo, ano de autuação do processo e ano do julgado com o maior número de julgados? A *moda* é o valor mais frequente da variável. O Tabela 1.6 mostra a moda para as variáveis, conforme pode ser observado nas Tabelas 1.1 a 1.5 e nos Gráficos 1.1 a 1.8. A moda é a única medida de posição que pode ser utilizada para variáveis qualitativas ou categóricas.

TABELA 1.6
Moda

Variável	Moda
Relator	Ana Arraes
Tipo de processo	Tomada de Contas Especial (TCE)
Multa	Não
Ano do processo	2014
Ano do julgado	2020

Mediana é o valor que divide a distribuição de frequências da variável ao meio, isto é, 50% das observações tem valor inferior ou igual à mediana, enquanto os outros 50% tem valor superior ou igual a ela. A mediana só existe para variáveis quantitativas. O Tabela 1.7 mostra as medianas para as variáveis quantitativas, conforme pode ser observado nas colunas de porcentagens acumuladas das Tabelas 1.3, 1.4 e 1.5.

TABELA 1.7
Mediana

Variável	Mediana
Ano do processo	2013
Ano do julgado	2016
Duração do processo	2,44 anos

A *média* ($\overline{X}$) é a soma dos valores de todas as observações da variável dividido pela quantidade delas, e, portanto, só existe para variáveis quantitativas. A Tabela 1.8 apresenta a média das variáveis quantitativas, e responde à sétima questão: Qual a duração média dos processos?

$$\overline{X} = \frac{(X_1 + ... + X_n)}{n} \qquad (1.3)$$

Média do ano do processo = 103.021.751/ 51.183= 2013
Média do ano do julgado = 103.165.915/ 51.183= 2016
Média da duração dos processos = 170.599,7 anos/51.183= 3,33 anos

TABELA 1.8
Média

Variável	Média ($\overline{X}$)
Ano do processo	2013
Ano do julgado	2016
Duração do processo	3,33 anos

1.2.5 Medidas de dispersão

As medidas de posição central não dão uma ideia adequada da variabilidade dos dados. Para uma mesma média é possível ter um conjunto de dados concentrado em torno da média e outro conjunto disperso. Para superar esta dificuldade existem as medidas de dispersão, sendo que as mais conhecidas são a variância e o desvio padrão.

$$\text{var}(X) = \frac{\sum (X_n - \overline{X})^2}{n} \qquad (1.4)$$

Como a *variância* é expressa em uma unidade de medida com dimensão ao quadrado da dimensão dos dados (por exemplo, na variável duração do processo a variância é expressa em anos²), é mais usual utilizar como medida de dispersão o *desvio padrão*, que é a raiz quadrada da variância. O desvio padrão tem a mesma dimensão da variável e para a duração, por exemplo, é expressa em anos (Tabela 1.9).

$$\text{dp}(X) = \sqrt{\text{var}(X)} \qquad (1.5)$$

TABELA 1.9
Variância e desvio padrão

Variável	Variância (anos²)	Desvio padrão (anos)
Ano do processo	16	4
Ano do julgado	9	3
Duração do processo	8,82	2,97

Se a distribuição for normal é possível dizer que aproximadamente 68% dos valores estão dentro de um desvio padrão da média. Como a média da duração do processo é 3,33 anos e o desvio padrão é 3,0 anos, pode-se dizer que aproximadamente 68% das durações está entre 0,36 e 6,30 anos, o que responde à questão número 8 (Como é a variabilidade da duração dos processos?).

Como se pode observar a variável ano do processo tem maior variabilidade dos dados em torno da média que a variável ano do julgado, o que já se poderia intuir da observação dos Gráficos 1.7 e 1.8, mas agora essa diferença de variabilidade está quantificada. Aproximadamente

68% dos processos foram abertos entre 2009 e 2017, uma vez que o ano médio do processo é 2013 e o desvio padrão é 4 anos. Já cerca de 68% dos processos foram julgados entre 2013 e 2019, porque o ano médio do julgado é 2016 e o desvio padrão é 3 anos.

1.2.6 Quartis

As medidas de posição e dispersão não informam sobre a simetria ou assimetria da distribuição dos dados. Para contornar esta dificuldade é possível a adoção de outras medidas, por exemplo, os quartis. Os *quartis* são três medidas (q1, mediana e q3) que dividem a distribuição em quatro partes. O primeiro quartil (q1) divide os dados de forma que 25% dos dados sejam iguais ou inferiores a ele, e 75% sejam superiores. O segundo quartil (q2) é a mediana, pois metade dos dados é igual ou inferior a ela, e a outra metade é superior. Finalmente, o terceiro quartil (q3) divide os dados de forma que 75% dos dados sejam iguais ou inferiores a ele, e 25% dos dados sejam superiores. Além dos quartis, são medidas importantes os valores mínimo e máximo da distribuição. A Tabela 1.10 expõe o mínimo, os quartis e o máximo para as variáveis quantitativas, calculados a partir do pacote R, mas para o ano do julgado e o ano do processo podem também ser obtidos a partir da observação das Tabelas 1.4 e 1.5.

TABELA 1.10
Mínimo, quartis e máximo

Variável	Mínimo	1º quartil (q_1)	2º quartil (q_2) mediana	3º quartil (q_3)	Máximo
Ano do processo	1979	2010	2013	2016	2020
Ano do julgado	2011	2013	2016	2018	2020
Duração do processo (anos)	0,04	1,29	2,44	4,37	35,75

Dos valores dos quartis podemos concluir que a variável ano do julgado tem uma distribuição aproximadamente simétrica, enquanto o ano do processo tem uma assimetria à esquerda e a duração tem uma distribuição assimétrica à direita, o que pode se observar nos Gráficos 1.7, 1.8 e 1.9.

1.2.7 Box plot

Os *box plot* são gráficos que permitem uma rápida visualização da variabilidade e da assimetria. O Gráfico 1.10 apresenta o *box plot* para o ano do processo. A linha mais escura no centro do retângulo representa a mediana (2013). A linha inferior do retângulo representa o 1º quartil (2010) e a linha superior do retângulo o 3º quartil (2016). A linha acima do retângulo é o limite superior (LS), cujo valor é calculado somando-se ao terceiro quartil uma vez e meia a distância interquartil (LS = q3 + 1,5dq). A distância interquartil é a diferença entre o terceiro e o primeiro quartil (dq = q3 - q1). A linha abaixo do retângulo é o limite inferior (LI), que é calculado subtraindo-se do primeiro quartil a uma vez e meia a distância interquartil (LI = q1 - 1,5dq). Para o ano do processo a distância interquartil (dq) é igual a 6 anos (2016-2010), o limite superior (LS) coincide com o máximo (2020) e o limite inferior (LI) é 2001 (2010 – 1,5 x 6). Os pontos acima do limite superior ou abaixo do limite superior são os *outliers*, e estão representados individualmente. Como é possível verificar no Gráfico 1.10, a distribuição do ano do processo possui somente *outliers* inferiores.

GRÁFICO 1.10
Box plot do ano do processo

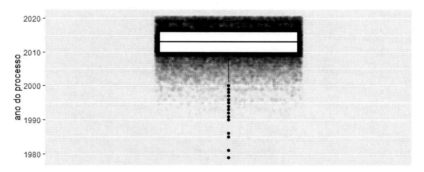

N=51.183

O Gráfico 1.11 mostra o *box plot* do ano do julgado. Observa-se que a distribuição do ano do julgado não possui *outliers*.

GRÁFICO 1.11
Box plot do ano do julgado

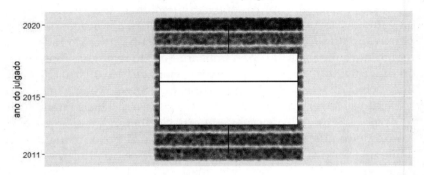

N=51.183

O Gráfico 1.12 expõe o *box plot* da duração do processo. A distância interquartil é igual a 3,08 anos (1,29-4,37), o limite superior é 8,98 anos (4,37 + 1,5 x 3,08), e o limite inferior coincide com o mínimo (0). A duração do processo possui apenas *outliers* superiores. Os *box plot* permitem uma rápida visualização da mediana, dos quartis, da variabilidade, da assimetria e dos *outliers*.

GRÁFICO 1.12
Box plot da duração do processo

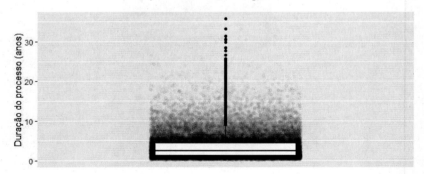

N=51.183

1.3 Análise bidimensional

1.3.1 Associação entre duas variáveis qualitativas

Até agora foram analisadas as distribuições das variáveis individualmente. Esta análise unidimensional pode dar origem a outras questões:

9 – Como é a distribuição de tipos de processo por relator?

10 – Qual o porcentual de aplicação de multas nos julgados por relator?

11 – Como varia a aplicação de multas entre os diferentes tipos de processo?

12 – Como é a variação da duração em relação ao tipo de processo?

13 – Como varia a duração do processo em função da aplicação de multa?

14 – Como varia a duração do processo em função do porcentual de aplicação de multa, por tipo de processo?

15 – Como varia a duração do processo em função do porcentual de aplicação de multa, por relator?

16 – A duração do processo e o porcentual de aplicação de multas, por relator e por tipo de processo, estão relacionados? Qual a intensidade desta relação?

Para responder estas perguntas serão estudadas as distribuições conjuntas de duas variáveis. Primeiro, serão utilizadas *matrizes*, cujas colunas serão ocupadas pela primeira variável, as linhas representarão a segunda variável e nas células serão colocadas as frequências, proporções ou porcentuais. O estudo da distribuição conjunta de frequências é muito importante para a análise dos dados. A Tabela 1.11 mostra a distribuição conjunta das frequências das variáveis relator e tipo de processo.

TABELA 1.11
Relator e tipo de processo (frequências)

(continua)

RELATOR	TIPO DE PROCESSO*							
	TCE	APOS	REPR	RA	PCIV	PC	OUT	TOT
ANA ARRAES	1.935	1.042	522	244	150	115	690	4.008
BENJAMIN ZYMLER	1.675	1.017	408	290	330	104	573	3.824
RAIMUNDO CARREIRO	1.505	600	790	351	149	145	729	3.540
JOSÉ MUCIO MONTEIRO	1.723	572	486	268	307	128	736	3.484
AROLDO CEDRAZ	1.811	622	458	237	125	125	620	3.378

GILSON PIQUERAS GARCIA
JURIMETRIA APLICADA AOS TRIBUNAIS DE CONTAS

(conclusão)

RELATOR	TIPO DE PROCESSO*							
	TCE	APOS	REPR	RA	PCIV	PC	OUT	TOT
WALTON ALENCAR RODRIGUES	1.567	717	446	320	336	81	512	3.467
ANDRÉ DE CARVALHO	1.808	486	518	185	131	61	504	3.189
AUGUSTO NARDES	1.440	850	335	186	256	93	488	3.160
AUGUSTO SHERMAN	1.542	252	570	432	74	78	519	2.948
MARCOS BEMQUERER	1.565	293	377	282	83	55	537	2.655
VITAL DO RÊGO	1.316	745	246	222	126	74	368	2.729
BRUNO DANTAS	1.108	627	330	194	137	55	473	2.451
WEDER DE OLIVEIRA	1.145	323	260	170	115	95	346	2.108
JOSÉ JORGE	624	677	246	289	206	60	302	2.102
VALMIR CAMPELO	315	146	201	129	142	36	389	969
UBIRATAN AGUIAR	180	24	78	25	3	15	73	325
TOTAL	21.259	8.993	6.271	3.824	2.670	1.320	7.859	52.196

*   TOMADA DE CONTAS ESPECIAL (TCE), APOSENTADORIA (APOS), REPRE-
    SENTAÇÃO (REPR), RELATÓRIO DE AUDITORIA (RA), PENSÃO CIVIL (PCIV),
    PRESTAÇÃO DE CONTAS (PC), OUTROS (OUT), TOTAL (TOT).

As distribuições podem ser por frequência, proporção ou porcentagem. A Tabela 1.12 mostra a distribuições de porcentagens em relação
ao total geral.

TABELA 1.12
Relator e tipo de processo (porcentagens em relação ao total geral)

(continua)

RELATOR	TIPO DE PROCESSO*							
	TCE	APOS	REPR	RA	PCIV	PC	OUT	TOT**
ANA ARRAES	3,7	2,0	1,0	0,5	0,3	0,2	1,3	9,0
BENJAMIN ZYMLER	3,2	1,9	0,8	0,6	0,6	0,2	1,1	8,4
RAIMUNDO CARREIRO	2,9	1,1	1,5	0,7	0,3	0,3	1,4	8,2
JOSÉ MUCIO MONTEIRO	3,3	1,1	0,9	0,5	0,6	0,2	1,4	8,1
AROLDO CEDRAZ	3,5	1,2	0,9	0,5	0,2	0,2	1,2	7,7
WALTON ALENCAR RODRIGUES	3,0	1,4	0,9	0,6	0,6	0,2	1,0	7,6
ANDRÉ DE CARVALHO	3,5	0,9	1,0	0,4	0,3	0,1	1,0	7,1
AUGUSTO NARDES	2,8	1,6	0,6	0,4	0,5	0,2	0,9	7,0
AUGUSTO SHERMAN	3,0	0,5	1,1	0,8	0,1	0,1	1,0	6,6
MARCOS BEMQUERER	3,0	0,6	0,7	0,5	0,2	0,1	1,0	6,1
VITAL DO RÊGO	2,5	1,4	0,5	0,4	0,2	0,1	0,7	5,9
BRUNO DANTAS	2,1	1,2	0,6	0,4	0,3	0,1	0,9	5,6
WEDER DE OLIVEIRA	2,2	0,6	0,5	0,3	0,2	0,2	0,7	4,7
JOSÉ JORGE	1,2	1,3	0,5	0,6	0,4	0,1	0,6	4,6

CAPÍTULO 1
DESCREVENDO OS TRIBUNAIS | 39

(conclusão)

RELATOR	TIPO DE PROCESSO*							
	TCE	APOS	REPR	RA	PCIV	PC	OUT	TOT**
VALMIR CAMPELO	0,6	0,3	0,4	0,2	0,3	0,1	0,7	2,6
UBIRATAN AGUIAR	0,3	0,0	0,1	0,0	0,0	0,0	0,1	0,8
TOTAL	40,7	17,2	12,0	7,3	5,1	2,5	15,1	100,0

* TOMADA DE CONTAS ESPECIAL (TCE), APOSENTADORIA (APOS), REPRE-
SENTAÇÃO (REPR), RELATÓRIO DE AUDITORIA (RA), PENSÃO CIVIL (PCIV),
PRESTAÇÃO DE CONTAS (PC), OUTROS (OUT), TOTAL (TOT).

** Os valores totais das linhas e colunas podem não coincidir exatamente com o valor
da soma das células correspondentes porque os porcentuais foram arredondados na
primeira casa decimal.

No caso de proporções e porcentagens, elas podem ser em relação
ao total geral, ao total de cada linha, e ao total de cada coluna. A Tabela
1.13 exibe os porcentuais em relação ao total das linhas, e é possível
verificar que o porcentual para cada tipo de processo varia bastante de
relator para relator, o que pode indicar uma possível associação entre as
variáveis, o que é um dos objetivos do estudo das distribuições conjuntas.

TABELA 1.13
Relator e tipo de processo (porcentual em relação ao total da linha)

(continua)

RELATOR	TIPO DE PROCESSO*							
	TCE	APOS	REPR	RA	PCIV	PC	OUT	TOT**
ANA ARRAES	41,6	22,4	11,2	5,1	3,2	2,5	13,6	100,0
BENJAMIN ZYMLER	50,1	13,5	14,1	4,8	3,6	1,7	11,6	100,0
RAIMUNDO CARREIRO	46,3	15,9	11,7	6,1	3,2	3,2	13,0	100,0
JOSÉ MUCIO MONTEIRO	40,0	23,7	9,3	5,1	7,1	2,6	11,6	100,0
AROLDO CEDRAZ	45,8	7,5	16,9	12,5	2,2	2,3	12,1	100,0
WALTON ALENCAR RODRIGUES	38,3	23,3	9,3	6,6	7,6	2,4	12,1	100,0
ANDRÉ DE CARVALHO	38,1	21,6	11,3	6,6	4,7	1,9	15,1	100,0
AUGUSTO NARDES	26,3	28,8	10,3	12,3	8,8	2,6	10,1	100,0
AUGUSTO SHERMAN	41,5	13,8	11,6	6,3	7,4	3,1	15,7	100,0
MARCOS BEMQUERER	50,8	9,5	11,6	9,0	2,7	1,8	13,9	100,0
VITAL DO RÊGO	36,1	14,5	18,9	8,3	3,6	3,5	14,6	100,0
BRUNO DANTAS	46,2	5,9	20,0	6,4	0,8	3,8	11,5	100,0
WEDER DE OLIVEIRA	24,5	11,4	15,2	9,7	11,1	2,8	23,6	100,0
JOSÉ JORGE	42,6	24,2	8,0	7,2	4,1	2,4	10,8	100,0

GILSON PIQUERAS GARCIA
JURIMETRIA APLICADA AOS TRIBUNAIS DE CONTAS

(conclusão)

RELATOR	TIPO DE PROCESSO*							
	TCE	APOS	REPR	RA	PCIV	PC	OUT	TOT**
VALMIR CAMPELO	39,7	18,2	11,2	8,1	8,5	2,0	11,7	100,0
UBIRATAN AGUIAR	47,3	13,2	10,6	7,0	4,7	1,1	12,3	100,0
TOTAL	40,7	17,2	12,0	7,3	5,1	2,5	15,1	100,0

* TOMADA DE CONTAS ESPECIAL (TCE), APOSENTADORIA (APOS), REPRE-
SENTAÇÃO (REPR), RELATÓRIO DE AUDITORIA (RA), PENSÃO CIVIL (PCIV),
PRESTAÇÃO DE CONTAS (PC), OUTROS (OUT), TOTAL (TOT).

** Os valores totais das linhas e colunas podem não coincidir exatamente com o valor
da soma das células correspondentes porque os porcentuais foram arredondados na
primeira casa decimal.

As Tabelas 1.11, 1.12 e 1.13 elucidam a nona questão (Como é
a distribuição de tipos de processo por relator?). A Tabela 1.14 expõe
a distribuição conjunta das variáveis relator e aplicação de multa,
em relação ao total das linhas. Pode-se observar uma variação nos
porcentuais de multa, o que indica uma possível associação entre as
variáveis.

TABELA 1.14
Relator e multa (porcentual em relação ao total da linha)

RELATOR	MULTA		
	NÃO	SIM	TOTAL
ANA ARRAES	67	33	100
ANDRÉ DE CARVALHO	62	38	100
AROLDO CEDRAZ	59	41	100
AUGUSTO NARDES	62	38	100
AUGUSTO SHERMAN	64	36	100
BENJAMIN ZYMLER	63	37	100
BRUNO DANTAS	63	37	100
JOSÉ JORGE	76	24	100
JOSÉ MUCIO MONTEIRO	58	42	100
MARCOS BEMQUERER	57	43	100
RAIMUNDO CARREIRO	70	30	100
UBIRATAN AGUIAR	63	37	100
VALMIR CAMPELO	78	22	100
VITAL DO RÊGO	73	27	100
WALTON ALENCAR RODRIGUES	65	35	100
WEDER DE OLIVEIRA	66	34	100
TOTAL	64	36	100

Na Tabela 1.14 e no Gráfico 1.13 pode-se observar uma variação nos porcentuais de multa entre relatores, o que indica uma possível associação entre as variáveis (décima questão: Qual o porcentual de aplicação de multas nos julgados por relator?).

GRÁFICO 1.13
Gráfico de barras bidimensional (relator e multa)

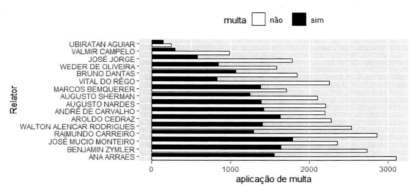

A distribuição conjunta das variáveis tipo de processo e aplicação de multa é mostrada na Tabela 1.15, em relação ao total das linhas. Nota-se uma grande variação entre os percentuais de multa e uma provável associação entre as variáveis.

TABELA 1.15
Tipo de processo e multa (porcentual em relação ao total da linha)

(continua)

TIPO DE PROCESSO	MULTA		
	NÃO	SIM	TOTAL
TOMADA DE CONTAS ESPECIAL (TCE)	30	70	100
APOSENTADORIA (APOS)	99	1	100
REPRESENTAÇÃO (REPR)	80	20	100
RELATÓRIO DE AUDITORIA (RA)	83	17	100
PENSÃO CIVIL (PCIV)	99	1	100
PRESTAÇÃO DE CONTAS (PC)	59	41	100
SOLICITAÇÃO DO CONGRESSO NACIONAL (SCN)	98	2	100
MONITORAMENTO (MON)	70	30	100
RELATÓRIO DE LEVANTAMENTO (RL)	82	18	100
ATOS DE ADMISSÃO (ADS)	100	0	100
DENÚNCIA (DEN)	74	26	100
PENSÃO MILITAR (PMIL)	100	0	100

(conclusão)

TIPO DE PROCESSO	MULTA		
	NÃO	SIM	TOTAL
ADMINISTRATIVO (ADM)	98	2	100
TOMADA DE CONTAS (TC)	51	49	100
RELATÓRIO DE ACOMPANHAMENTO (RACOM)	95	5	100
OUTROS	85	15	100
TOTAL	64	36	100

Nota-se uma grande variação entre os percentuais de multa e uma associação entre as variáveis, a partir da observação da Tabela 1.15 e do Gráfico 1.14, que esclarecem a questão número 11 (Como varia a aplicação de multas entre os diferentes tipos de processo?).

GRÁFICO 1.14
Gráfico de barras bidimensional (tipo de processo e multa)

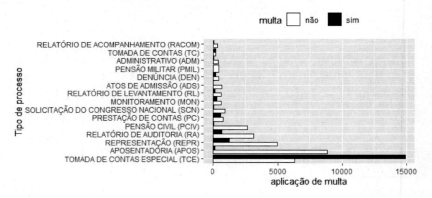

1.3.2 Associação entre uma variável qualitativa e uma quantitativa

Nesta associação busca-se analisar como a variável quantitativa se comporta nas diferentes categorias da variável qualitativa. Na Tabela 1.16 são exibidas as *medidas* da variável duração para os seis tipos de processo com o maior número de observações.

TABELA 1.16
Medidas da duração para os seis tipos de processo com o maior número de observações

TIPO DE PROCESSO	DURAÇÃO (anos)						
	Média	desvio padrão (dp)	Mínimo	1º quartil (q_1)	2º quartil (q_2) mediana	3º quartil (q_3)	Máximo
TOMADA DE CONTAS ESPECIAL (TCE)	3,95	2,69	0,33	2,22	3,28	4,81	27,67
APOSENTADORIA (APOS)	2,64	3,02	0,16	0,84	1,40	3,18	33,22
REPRESENTAÇÃO (REPR)	2,42	2,18	0,04	0,90	1,64	3,27	17,92
RELATÓRIO DE AUDITORIA (RA)	2,63	2,31	0,20	1,16	1,76	3,46	18,86
PENSÃO CIVIL (PCIV)	3,0	3,49	0,13	0,79	1,39	4,19	35,75
PRESTAÇÃO DE CONTAS (PC)	6,71	4,28	0,54	3,45	5,62	8,73	25,09
TOTAL	3,33	2,97	0,04	1,29	2,44	4,37	35,75

O Gráfico 1.15 mostra os *box plots* para esta associação de variáveis.

GRÁFICO 1.15
Box plot da duração para seis tipos de processo

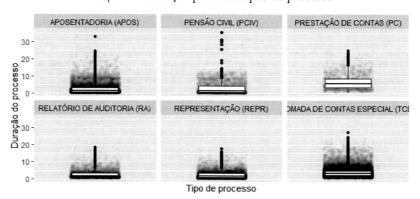

As medidas da variável duração do processo para as a categorias sim e não da variável aplicação de multa estão mostradas na Tabela 1.17 e nos *box plots* do Gráfico 1.16.

TABELA 1.17
Medidas da duração do processo

MULTA	DURAÇÃO (anos)						
	Média	desvio padrão (dp)	Mínimo	1º quartil (q_1)	2º quartil (q_2) mediana	3º quartil (q_3)	Máximo
NÃO	2,9	3,0	0,04	0,9	1,8	3,7	35,7
SIM	4,1	2,8	0,2	2,2	3,4	5,1	24,8
TOTAL	3,3	3,0	0,04	1,3	2,4	4,4	35,7

GRÁFICO 1.16
Box plots da duração em função da aplicação de multa

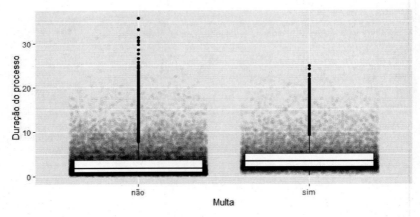

A Tabela 1.18 exibe a duração e o porcentual de multas, ambos por tipo de processo. Estes resultados sugerem uma provável relação entre a duração e o tipo de processo (pergunta 12: Como é a variação da duração em relação ao tipo de processo?).

TABELA 1.18
Duração do processo e o porcentual de multas por tipo de processo

(continua)

TIPO DE PROCESSO	PORCENTUAL DE APLICAÇÃO DE MULTAS (%)	DURAÇÃO DO PROCESSO (anos)
AÇÕES JUDICIAIS – SOLICITAÇÃO DE SUBSÍDIOS (AJSOL)	0	0,63
ACOMPANHAMENTO (ACOM)	11	3,29
ADMINISTRATIVO (ADM)	1	1,63

CAPÍTULO 1
DESCREVENDO OS TRIBUNAIS | 45

(conclusão)

TIPO DE PROCESSO	PORCENTUAL DE APLICAÇÃO DE MULTAS (%)	DURAÇÃO DO PROCESSO (anos)
APOSENTADORIA (APOS)	1	2,64
ARGUIÇÃO DE IMPEDIMENTO/SUSPEIÇÃO (ARGUI)	0	0,38
ATOS DE ADMISSÃO (ADS)	0	1,99
CONSULTA (CONS)	1	1,71
CONTAS DO PRESIDENTE DA REPÚBLICA (CGOV)	0	0,49
CONTESTAÇÃO DE COEFICIENTES DE TRANSF. OBRIGATÓRIAS (CCTO)	0	0,65
DENÚNCIA (DEN)	21	2,94
DESESTATIZAÇÃO (DES)	0	1,75
INDISPONIBILIDADE DE BENS (IND)	0	2,26
MONITORAMENTO (MON)	30	2,99
PENSÃO CIVIL (PCIV)	1	3,00
PENSÃO ESPECIAL DE EX-COMBATENTE (PEEC)	0	3,37
PENSÃO MILITAR (PMIL)	0	1,64
PRESTAÇÃO DE CONTAS (PC)	41	6,72
PRESTAÇÃO DE CONTAS EXTRAORDINÁRIA (PCEX)	100	4,24
PRESTAÇÃO DE CONTAS SIMPLIFICADA (PCSP)	54	9,07
PROPOSTA DE FISCALIZAÇÃO (PFIS)	0	0,56
REFORMA (REFO)	0	1,23
RELATÓRIO DE ACOMPANHAMENTO (RACOM)	5	1,64
RELATÓRIO DE AUDITORIA (RA)	17	2,62
RELATÓRIO DE INSPEÇÃO (RI)	17	5,21
RELATÓRIO DE LEVANTAMENTO (RL)	15	3,30
RELATÓRIO DE MONITORAMENTO (RMON)	8	2,31
REPRESENTAÇÃO (REPR)	20	2,42
SIGILOSO	0	3,45
SOLICITAÇÃO (SOLI)	0	0,99
SOLICITAÇÃO DO CONGRESSO NACIONAL (SCN)	2	1,43
TOMADA DE CONTAS (TC)	49	8,92
TOMADA DE CONTAS ESPECIAL (TCE)	70	3,95
TOMADA DE CONTAS SIMPLIFICADA (TCSP)	58	10,29
TOTAL	36	3,33

A Tabela 1.19 exibe a duração do processo e o porcentual de multas, ambos por relator. Estes resultados sugerem uma possível relação entre a duração e o tipo de processo (questão 13: Como varia a duração do processo em função da aplicação de multa?).

TABELA 1.19

Duração do processo e o porcentual de multas por relator

RELATOR	PORCENTUAL DE APLICAÇÃO DE MULTAS (%)	DURAÇÃO DO PROCESSO (anos)
ANA ARRAES	33	3,37
ANDRÉ DE CARVALHO	38	2,56
AROLDO CEDRAZ	41	3,77
AUGUSTO NARDES	38	3,66
AUGUSTO SHERMAN	36	3,01
BENJAMIN ZYMLER	37	3,64
BRUNO DANTAS	37	3,43
JOSÉ JORGE	24	2,67
JOSÉ MUCIO MONTEIRO	42	3,69
MARCOS BEMQUERER	43	2,81
RAIMUNDO CARREIRO	30	3,74
UBIRATAN AGUIAR	37	3,60
VALMIR CAMPELO	22	2,74
VITAL DO RÊGO	27	3,74
WALTON ALENCAR RODRIGUES	35	3,36
WEDER DE OLIVEIRA	34	2,28
TOTAL	36	3,33

1.3.3 Associação entre duas variáveis quantitativas

A forma mais usual de visualizar a associação entre duas variáveis quantitativas é o *gráfico de dispersão*. O Gráfico 1.17 apresenta o gráfico de dispersão entre as variáveis duração de processo e porcentual de multa, por tipo de processo, de acordo com a Tabela 1.18. É possível observar que quanto maior o porcentual de multas, maior a duração do processo e, portanto, que existe uma provável associação linear direta ou positiva entre as variáveis, o que responde à décima quarta questão (Como varia a duração do processo em função do porcentual de aplicação de multa, por tipo de processo?).

GRÁFICO 1.17
Gráfico de dispersão entre a duração do processo e o porcentual de aplicação de multa, por tipo de processo

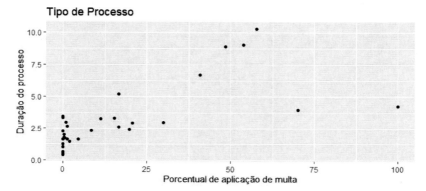

O Gráfico 1.18 exibe o gráfico de dispersão entre as variáveis duração de processo e porcentual de multa, por relator, de acordo com a Tabela 1.19. Aparentemente não há associação linear entre as variáveis (questão 15: Como varia a duração do processo em função do porcentual de aplicação de multa, por relator?).

GRÁFICO 1.18
Gráfico de dispersão entre o ano do julgado e a duração do processo

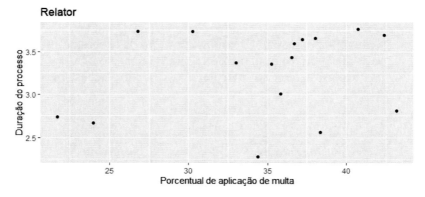

A medida de o quanto as nuvens de pontos dos gráficos de dispersão se aproximam de uma reta é o *coeficiente de correlação* linear (c), que pode assumir valores entre -1 e +1. Quanto mais próximo o valor do coeficiente de correlação for de -1 ou +1 maior a aproximação da nuvem de pontos de uma reta, sendo, respectivamente a associação negativa ou inversa, e positiva ou direta (Gráfico 1.17). Quando o coeficiente de correlação for próximo de zero significa que não há associação linear entre as variáveis (Gráfico 1.18). O coeficiente de correlação linear é calculado pela seguinte fórmula:

$$c(X, Y) = \frac{\sum \frac{X_i - \bar{X}}{dp(X)} \cdot \frac{Y_i - \bar{Y}}{dp(Y)}}{n} \qquad (1.6)$$

Onde:

$c(X, Y)$: coeficiente de correlação linear entre as variáveis X e Y

n: número de observações

$\sum$: somatório

X_i: valor da i-ésima observação da variável X

$\bar{X}$: média de X (Equação 1.3)

$dp(X)$: desvio padrão da variável X (Equação 1.5)

Y_i: valor da i-ésima observação da variável Y

$\bar{Y}$: média de Y (Equação 1.3)

$dp(Y)$: desvio padrão da variável Y (Equação 1.5)

Os coeficientes de correlação linear entre as variáveis duração do processo e porcentual de aplicação de multa, por tipo de processo e por relator, calculados com o *software* estatístico R, estão apresentados a seguir:

c(duração, porcentual de multa, por tipo de processo) = 0,7

c(duração, porcentual de multa, por relator) = 0,2

A Tabela 1.20 exibe a interpretação das correlações em função dos valores.

TABELA 1.20
Correlação

Valor (positivo ou negativo)	Interpretação
0,9 a 1,0	Correlação muito forte
0,7 a 0,9	Correlação forte
0,5 a 0,7	Correlação moderada
0,3 a 0,5	Correlação fraca
0,0 a 0,3	Correlação muito fraca

Os valores das correlações confirmam numericamente as associações observadas nos Gráficos 1.17 e 1.18, ou seja, uma correlação positiva forte entre a duração e o porcentual de multas, por tipo do processo, e uma correlação muito fraca entre a duração do processo e o porcentual de multas, por relator, o que esclarece a última questão (A duração do processo e o porcentual de aplicação de multas, por relator e por tipo de processo, estão relacionados? Qual a intensidade desta relação?). Neste capítulo, a partir das distribuições dos dados, levantaram-se hipóteses sobre associações entre variáveis, que serão investigadas no capítulo seguinte.

CAPÍTULO 2

EXPLICANDO OS TRIBUNAIS

Observando os gráficos e tabelas do capítulo anterior é possível fazer uma série de perguntas sobre a variável duração do processo:

1 – Existe uma relação entre a duração e as outras variáveis do processo? Se existe uma relação, quão forte ela é?

2 – Qual o efeito da modificação do valor de cada variável na duração do processo e qual a precisão desta estimativa?

3 – Para um dado conjunto de valores de variáveis, qual a previsão para a duração e qual a precisão desta previsão?

4 – Estas relações entre variáveis são lineares?

As regressões são boas ferramentas para explicar variáveis a partir de outras variáveis. As variáveis a serem explicadas, chamadas de *variáveis dependentes* ou *variáveis resposta*, podem ser quantitativas (numéricas) ou qualitativas (categóricas). No caso de variáveis respostas quantitativas, a regressão mais comum é a *regressão linear*. As variáveis *explicativas* também são chamadas variáveis *independentes*. O modelo admite uma (*regressão linear simples*) ou mais de uma variável explicativa (*regressão linear múltipla*), e elas podem ser quantitativas ou qualitativas. Uma possível variável resposta quantitativa para a base de dados do capítulo anterior é a duração do processo. As variáveis explicativas quantitativas podem ser o porcentual de aplicação de multas e o ano do julgado, e as variáveis qualitativas podem ser o relator, tipo de processo e aplicação ou não de multa.

2.1 Regressões lineares

2.1.1 Regressão linear simples com variáveis quantitativas

A expressão matemática da regressão linear simples é:

$$Y = \beta_0 + \beta_1 X \qquad (2.1)$$

Onde:

Y: variável resposta quantitativa

X: variável explicativa quantitativa

β_0: coeficiente da intersecção da reta da regressão linear com o eixo Y

β_1: coeficiente angular da reta da regressão linear

β_0 e β_1 são chamados coeficientes do modelo. Da equação 2.1 é possível dizer que estamos fazendo uma regressão linear de Y em função de X. Em seguida será feita uma regressão linear da duração do processo em função do porcentual de aplicação de multas, por tipo de processo, com os dados do capítulo 1.

Duração = $\beta_0 + \beta_1$ x (porcentual de multas)

A estimativa dos coeficientes $\hat{\beta}_0$ e $\hat{\beta}_1$, obtidos com o *software* estatístico R, estão apresentados na Tabela 2.1:

TABELA 2.1

Coeficientes da regressão linear da duração do processo em função do porcentual de aplicação de multa, por tipo de processo

Coeficientes	Estimativa	erro padrão (ep)	p-valor	R^2
$\hat{\beta}_0$	1,92	0,38	1.62×10^{-5}	0,48
$\hat{\beta}_1$	0,07	0,01	6.92×10^{-6}	

Isto significa que quando o porcentual de multas aumenta um porcento a duração do processo aumenta aproximadamente 25 dias ($\hat{\beta}_1 = 0,07$ anos), o que pode ser observado no gráfico 2.1. A equação da estimativa da duração do processo em função do porcentual de multas, por tipo de processo, é, portanto:

Duração = 1,92 + 0,07 x (porcentual de multas)

É possível calcular, por exemplo, a estimativa da duração do processo para os porcentuais de aplicação de multa por tipo de processo de 0, 25, 50, 75 e 100%.

Para 0% – Duração = 1,92 + 0,07 x 0 = 1,92 anos
Para 25% – Duração = 1,92 + 0,07 x 25 = 3,67 anos
Para 50% – Duração = 1,92 + 0,07 x 50 = 4,42 anos
Para 75% – Duração = 1,92 + 0,07 x 75 = 7,17 anos
Para 100% – Duração = 1,92 + 0,07 x 100 = 8,92 anos

Os cálculos foram detalhados para ilustrar a aplicação da equação, mas na prática podem ser calculados facilmente por meio de pacotes estatísticos, como a função *predict* do *software* R. O *erro padrão* da Tabela 2.1 é utilizado para calcular o *intervalo de confiança* (IC) para a estimativa dos coeficientes $\hat{\beta}_0$ e $\hat{\beta}_1$. O intervalo de confiança é a faixa de valores em que existe 95% de probabilidade de estarem os valores reais dos coeficientes β_0 e β_1. Os valores inferior e superior dos intervalos de confiança são calculados subtraindo e adicionando, respectivamente, duas vezes o erro padrão da estimativa.

$IC(\beta) = (\hat{\beta} - 1,96ep, \hat{\beta} + 1,96ep)$
$IC(\beta_0) = (1,92 - 1,96 \times 0,38; 1,92 + 1,96 \times 0,38) = (1,17; 2,66)$
$IC(\beta_1) = (0,07 - 1,96 \times 0,01; 0,07 + 1,96 \times 0,01) = (0,05; 0,09)$

Pode-se dizer que existe 95% de probabilidade de o valor de β_0 estar entre 1,17 e 2,66 e de o valor de β_1 estar entre 0,05 e 0,09. O Gráfico 2.1 mostra o gráfico de dispersão entre a duração do processo e o porcentual de aplicação de multas, por tipo de processo, e a reta ajustada da regressão linear. A zona cinzenta é o intervalo de confiança para a predição da duração do processo.

GRÁFICO 2.1
Regressão linear: duração do processo x porcentual de
aplicação de multas (por tipo de processo)

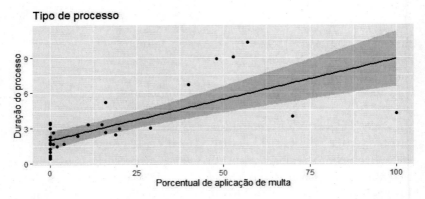

Existem diversos métodos para ajustar uma nuvem de pontos a uma reta, porém o mais comum é a estimação dos coeficientes pelo *método dos mínimos quadrados*. Neste método os coeficientes $\hat{\beta}_0$ e $\hat{\beta}_1$ são aqueles em que a soma dos quadrados das distâncias dos pontos à reta, também chamados de *resíduos*, é mínimo (segmentos verticais no Gráfico 2.2).

GRÁFICO 2.2
Distância dos pontos à reta (duração x porcentual de multas, por tipo de processo)

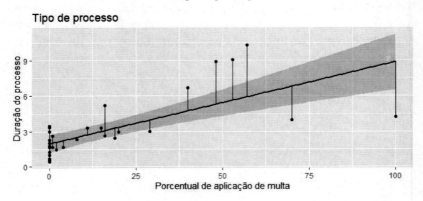

É necessário testar a hipótese de se há relação entre X e Y. O teste de hipótese mais comum é:

H_0: Não há relação entre X e Y ($\beta_1 = 0$)
H_1: Há relação entre X e Y ($\beta_1 \neq 0$)

Se $\beta_1 = 0$, a equação 2.1 se reduz a $Y = \beta_0$ e como β_0 é uma constante isto significa que não há relação entre as variáveis. A decisão sobre o teste é baseada no *p-valor*, que é a probabilidade de β_1 ser igual a zero (Tabela 2.1). Normalmente adota-se o seguinte critério: quando o p-valor é inferior a 0,05 (5%) assume-se que β_1 é diferente de zero ($\beta_1 \neq 0$), e a hipótese H_1 é verdadeira, ou seja, existe relação entre as variáveis X e Y. No exemplo acima o p-valor é $6{,}92 \times 10^{-6}$ (0,00000692 ou 0,000692%), muito baixo (Tabela 2.1). Rejeitamos, portanto, a hipótese nula (H_0) e é possível afirmar que há relação entre a duração do processo e o porcentual de aplicação de multa, por tipo de processo.

Depois de verificar se há relação entre as variáveis é necessário quantificar a extensão de o quanto o modelo linear se ajusta aos dados. Uma das formas de avaliar a qualidade do ajuste da regressão linear à nuvem de pontos é o *coeficiente de determinação* R^2, que é calculado a partir da soma dos quadrados dos resíduos, do Gráfico 2.2 (SQR) dividida pela soma dos quadrados da distância dos pontos à média, do gráfico 2.3 (SQT):

$$R^2 = 1 - \frac{SQR}{SQT} \quad (2.2)$$

GRÁFICO 2.3
Distância dos pontos à média (duração x porcentual de multas, por tipo de processo)

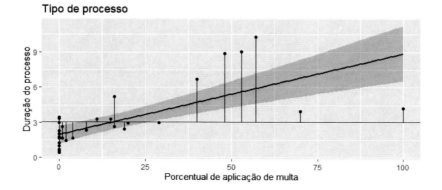

Para o exemplo acima, o valor de R^2 é 0,48, o que significa que 48% da variação da duração do processo é explicada pelo porcentual de aplicação de multa, por tipo de processo.

A Tabela 2.2 e o Gráfico 2.4 mostram a estimativa dos coeficientes e o gráfico da regressão linear da duração do processo em função do porcentual de aplicação de multa, por relator.

TABELA 2.2
Coeficientes da regressão linear da duração do processo em função do porcentual de aplicação de multa, por relator

Coeficientes	Estimativa	erro padrão	p-valor	R^2
$\hat{\beta}_0$	2,63	0,74	0,031	0,05
$\hat{\beta}_1$	0,02	0,02	0,40	

O valor de $\hat{\beta}_1$ e R^2 são muito próximos de zero, o que é uma evidência de que não existe relação entre a duração do processo e porcentual de aplicação de multa, por relator. Observa-se no Gráfico 2.4 que a reta da regressão linear é aproximadamente horizontal e que a duração do processo é quase constante em relação ao porcentual de multas, por relator.

GRÁFICO 2.4
Regressão linear: duração do processo x porcentual de aplicação de multas (por relator)

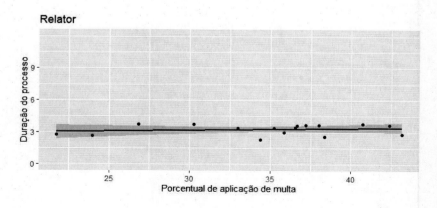

A Tabela 2.3 e o Gráfico 2.5 mostram a estimativa dos coeficientes e o gráfico da regressão linear da duração em função do ano do julgado.

TABELA 2.3
Coeficientes da regressão linear da duração em função do ano do julgado

Coeficientes	Estimativa	erro padrão	p-valor	R²
$\hat{\beta}_0$	-60,64	8,85	7,17x10-12	0,001
$\hat{\beta}_1$	0,03	0,004	4,80x10-13	

O valor de $\hat{\beta}_1$ e R² são muito próximos de zero, o que é uma evidência de que não existe relação entre a duração e o ano do julgado. Observa-se no Gráfico 2.5 que a reta da regressão linear é aproximadamente horizontal e que a duração do processo é quase constante ao longo dos anos do julgado.

GRÁFICO 2.5
Regressão linear: duração x ano do julgado

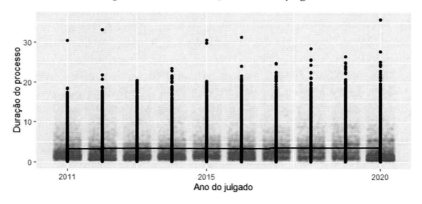

2.1.2 Regressão linear simples com variáveis explicativas qualitativas

As regressões lineares vistas até agora usaram somente variáveis explicativas quantitativas, o porcentual de aplicação de multas, por tipo de processo e por relator, e o ano do julgado. Variáveis qualitativas, no entanto, também podem ser usadas como variáveis explicativas. Variáveis qualitativas como a aplicação ou não de multa, o relator e o tipo de processo, estudadas no capítulo 1, podem explicar a variação da duração do processo.

As variáveis qualitativas podem ter duas ou mais categorias. A aplicação de multa, por exemplo, é uma variável com duas categorias (sim ou não), enquanto o relator e o tipo de processo são variáveis com mais de duas categorias. A aplicação da regressão linear para variáveis explicativas qualitativas é feita através de *uma variável dummy* que pode assumir apenas dois valores numéricos, zero ou um. Para a aplicação de multa, por exemplo, esta nova variável toma o seguinte formato:

$X_i = 1$ se houve aplicação de multa no i-ésimo julgado
$X_i = 0$ se não houve aplicação de multa no i-ésimo julgado

Esta nova variável é usada como variável explicativa na equação da regressão linear:

$$Y_i = \beta_0 + \beta_1 X_i \quad (2.3)$$

Duração = $\beta_0 + \beta_1$ se houve aplicação de multa no i-ésimo julgado
Duração = β_0 se não houve aplicação de multa no i-ésimo julgado

Para o exemplo, a estimativa da variável duração do processo é $\widehat{\beta}_0 + \widehat{\beta}_1$ quando há aplicação de multa e $\widehat{\beta}_0$ quando não há aplicação de multa. Fazendo a regressão linear pelo R, obtém-se as estimativas dos valores dos coeficientes, $\widehat{\beta}_0$ e $\widehat{\beta}_1$ (Tabela 2.4). A estimativa da duração do processo é 2,91 anos quando não há aplicação de multa e 4,09 anos (2,91 + 1,18) quando há aplicação de multa. O p-valor de $\widehat{\beta}_1$ é menor que 5% e, portanto, podemos afirmar que as estimativas são diferentes ($\beta_1 \neq 0$). Por outro lado, o valor de R^2 é 0,04, o que significa que a aplicação multa explica apenas 4% da duração do processo.

TABELA 2.4

Coeficientes da regressão linear da duração em função da aplicação de multa

Categorias (aplicação de multa)	Coeficientes
não - $\widehat{\beta}_0$	2,91
sim - $\widehat{\beta}_1$	1,18

No caso de regressão linear com variáveis qualitativas de mais de uma categoria, é necessário criar uma variável *dummy* para cada categoria, menos um (pois um dos relatores estará expresso em β_0). Dessa forma a variável *dummy* assume a seguinte forma:

$X_i = 1$ se a variável é o relator n no i-ésimo julgado
$X_i = 0$ se a variável não é o relator n no i-ésimo julgado

$$Y_i = \beta_0 + \beta_1 X_i + ... + \beta_n X_i \qquad (2.4)$$

Na regressão linear da duração do processo em função do relator:
Duração = β_0 se a variável é o relator da categoria 0 no i-ésimo julgado
Duração = $\beta_0 + \beta_1$ se a variável é o relator da categoria 1 no i-ésimo julgado
Duração = $\beta_0 + \beta_n$ se a variável é o relator da categoria n no i-ésimo julgado

A estimativa da variável resposta é $\hat{\beta}_0$ para o relator 0, $\hat{\beta}_0 + \hat{\beta}_1$ para o relator 1 e $\hat{\beta}_0 + \hat{\beta}_n$ para o relator n.

A Tabela 2.5 mostra os coeficientes da regressão linear da duração do processo em função do relator. O coeficiente $\hat{\beta}_0$, referente à Ministra Ana Arraes é 3,38, e, portanto, sua estimativa de duração do processo é 3,38 anos. O coeficiente $\hat{\beta}_1$, referente ao Ministro Aroldo Cedraz, é 0,44 e a sua estimativa da duração do processo é de 3,82 anos ($\hat{\beta}_0 + \hat{\beta}_1 =$ 3,38 + 0,44 = 3,82 anos), e assim, sucessivamente, a estimativa da duração para cada relator é calculada somando-se $\hat{\beta}_0$ (3,38 anos) e o valor de $\hat{\beta}_n$ da Tabela 2.5. Os relatores cujo coeficiente é positivo têm estimativas de duração do processo superiores a 3,38 anos, que é a estimativa de duração dos processos relatados pela Ministra Ana Arraes. O Ministro Aroldo Cedraz tem a maior estimativa de duração do processo, 3,82 anos. Os relatores cujo coeficiente é negativo têm estimativas de duração do processo inferiores a 3,38 anos. O Ministro Weder de Oliveira tem a menor estimativa de duração do processo, 2,29 anos ($\hat{\beta}_0 + \hat{\beta}_1 =$ 3,38 - 1,09 = 2,29 anos). Para todos os relatores, com 3 exceções, o p-valor é inferior a 5% e podemos afirmar que as estimativas da duração são diferentes de $\hat{\beta}_0$ ($\hat{\beta}_1 \neq 0$). Para os relatores Ministros Bruno Dantas, Ubiratan Aguiar e Walton Alencar Rodrigues, o p-valor é superior a 5% e, por isto, não podemos fazer esta afirmação. De fato, na Tabela 2.5 é possível observar que estes são os três relatores cujos coeficientes são mais próximos de zero. Essa é uma conclusão que pode mudar quando se adiciona no modelo de regressão outras variáveis, pois o valor dos coeficientes se altera. Então as conclusões tiradas em análises isoladas de alguma variável não são absolutas. O valor de R^2 é 0,02 e, portanto, a variável relator explica apenas 2% da duração do processo.

TABELA 2.5
Coeficientes da regressão linear da duração do processo em função do relator

Categorias (relator)	Coeficientes $(\hat{\beta}_n)$
ANA ARRAES $(\hat{\beta}_0)$	3,38
AROLDO CEDRAZ	0,44
VITAL DO RÊGO	0,40
RAIMUNDO CARREIRO	0,36
JOSÉ MUCIO MONTEIRO	0,35
AUGUSTO NARDES	0,31
BENJAMIN ZYMLER	0,27
UBIRATAN AGUIAR	0,27
BRUNO DANTAS	0,05
WALTON ALENCAR RODRIGUES	-0,02
AUGUSTO SHERMAN	-0,35
MARCOS BEMQUERER	-0,53
VALMIR CAMPELO	-0,54
JOSÉ JORGE	-0,71
ANDRÉ DE CARVALHO	-0,80
WEDER DE OLIVEIRA	-1,09

A Tabela 2.6 exibe os coeficientes da regressão linear da duração em relação ao tipo de processo, para a categoria base e para as categorias cujo p-valor é inferior a 5%. Por isto, dos 33 tipos de processo apenas sete estão representados na Tabela 2.6. O coeficiente $\hat{\beta}_0$ para o tipo de processo base, Ações Judiciais-Solicitação de Subsídios, é 0,63 e, portanto, a estimativa da duração para este tipo de processo é de 0,63 anos. O coeficiente $\hat{\beta}_1$, da Tomada de Contas Simplificada, é 9,65 e a estimativa da duração é de 10,28 anos ($\hat{\beta}_0 + \hat{\beta}_1 = 0,63 + 9,65 = 10,28$ anos), e assim sucessivamente, a duração média para cada tipo de processo é calculada somando-se $\hat{\beta}_0$ (0,63) e o valor de $\hat{\beta}_n$ da Tabela 2.6. Para as categorias apresentadas, como o p-valor é inferior a 5%, podemos afirmar que as estimativas da duração são diferentes de $\hat{\beta}_0$ ($\hat{\beta}_1 \neq 0$), enquanto para as demais categorias não é possível fazer esta afirmação. O valor do coeficiente de determinação R^2 é 0,16 e, portanto, o tipo de processo explica 16% da duração do processo.

TABELA 2.6

Coeficientes da regressão linear da duração em função do tipo de processo

Categorias (tipo de processo)	Coeficientes ($\hat{\beta}_n$)
AÇÕES JUDICIAIS_SOLICITAÇÃO DE SUBSÍDIOS (AJSOL) ($\hat{\beta}_0$)	0,63
TOMADA DE CONTAS SIMPLIFICADA (PCSP)	9,65
PRESTAÇÃO DE CONTAS SIMPLIFICADA (PCSP)	8,44
TOMADA DE CONTAS (TC)	8,29
PRESTAÇÃO DE CONTAS (PC)	6,08
RELATÓRIO DE INSPEÇÃO (RI)	4,58
TOMADA DE CONTAS ESPECIAL (TCE)	3,31

2.1.3 Regressão linear múltipla com uma variável explicativa quantitativa e uma qualitativa

É possível fazer uma mesma regressão linear com ambos os tipos de variáveis, quantitativas e qualitativas, por exemplo uma regressão linear da duração do processo em função ano do julgado e da aplicação ou não de multa (Tabela 2.7):

$$Y = \beta_0 + \beta_1 X_1 + \beta_2 X_2 \qquad (2.5)$$

Onde:
Y: variável resposta quantitativa
X_1: variável explicativa quantitativa
X_2: variável explicativa qualitativa
$Y = \beta_0 + \beta_1 X_1 + \beta_2$ quando há aplicação de multa
$Y = \beta_0 + \beta_1 X_1$ quando não há aplicação de multa

TABELA 2.7
Coeficientes da regressão linear da duração do processo em função do ano do julgado e da aplicação de multa

Variável explicativa	Coeficientes ($\hat{\beta}$)
Ano do julgado = 0 e multa = não ($\hat{\beta}_0$)	-58,38
Ano do julgado ($\hat{\beta}_1$)	0,03
Multa = sim ($\hat{\beta}_2$)	1,18

Todos os coeficientes tem p-valor abaixo de 5% e o coeficiente de determinação R^2 é 0,04. As variáveis ano do julgado e aplicação de multa juntas explicam, portanto, 4% da duração do processo. Pode-se, por exemplo, calcular a estimativa da duração para o ano do julgado 2015 e decisão com e sem aplicação de multa:

2015, multa = não: $Y = \beta_0 + \beta_1 X_1 = -58,38 + 0,03 \times 2015 = 2,07$ anos
2015, multa = sim: $Y = Y = \beta_0 + \beta_1 X_1 + \beta_2 = -58,38 + 0,03 \times 2015 + 1,18 = 3,25$ anos

No Gráfico 2.6 pode ser observado que a estimativa de duração dos processos é estável em função do ano do julgado no período estudado, de 2011 a 2020, e é 1,18 anos superior para os julgados com aplicação de multa em relação às decisões onde ela não foi aplicada.

GRÁFICO 2.6
Regressão linear da duração do processo em função do ano do julgado e da aplicação de multa

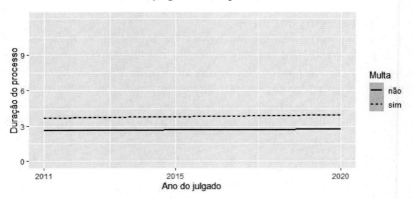

2.1.4 Regressão linear múltipla com variáveis quantitativas e qualitativas

Quando existem diversas variáveis explicativas é melhor conduzir uma *regressão linear múltipla* do que várias regressões lineares simples.

$$Y = \beta_0 + \beta_1 X_1 + ... + \beta_n X_n \qquad (2.6)$$

Onde:
Y: variável resposta quantitativa
$X_1, ..., X_n$: variáveis explicativas quantitativas e qualitativas

A Tabela 2.8 exibe alguns dos coeficientes da regressão linear da duração do processo, em função de outras variáveis: o ano do julgado (quantitativa) e o tipo de processo, o relator e a aplicação de multa (qualitativas). A regressão tem 33 coeficientes referentes à variável tipo de processo e 16 referentes à variável relator, mas apenas dois coeficientes de cada variável estão apresentados na Tabela 2.8, para exemplificar. É possível confirmar que os coeficientes desta tabela são diferentes dos coeficientes das regressões lineares simples (Tabelas 2.3, 2.4, 2.5 e 2.6), como foi afirmado anteriormente.

TABELA 2.8
Coeficientes da regressão linear da duração do processo
em função de variáveis quantitativa e qualitativas

Variável explicativa	Coeficientes $(\hat{\beta}_n)$
Ano do julgado = 0, multa = não, tipo de processo = AÇÕES JUDICIAIS – SOLICITAÇÃO DE SUBSÍDIOS (AJSOL) e relatora ANA ARRAES $(\hat{\beta}_0)$	-112,55
Ano do julgado	0,0564
Multa = sim	0,32
Tipo de processo = TOMADA DE CONTAS SIMPLIFICADA	9,06
Tipo de processo = RELATÓRIO DE ACOMPANHAMENTO	0,47
Relator = RAIMUNDO CARREIRO	0,40
Relator = WALTON ALENCAR RODRIGUES	-0,06

Segue, a título de ilustração, uma vez que normalmente os cálculos são feitos por pacotes estatísticos, a estimativa da duração para um processo julgado em 2011, sem aplicação de multa, do tipo relatório de acompanhamento e relatado pelo Ministro Weder de Oliveira:

Duração = -112,55 + 0,0564 x 2011 - 0,61 + 0,47 = 0,73 anos

Já um processo julgado em 2020, com aplicação de multa, do tipo tomada de contas simplificada e relatado pelo Ministro Raimundo Carreiro tem a seguinte duração estimada:

Duração = -112,55 + 0,564 x 2020 + 9,06 + 0,40 = 10,84 anos

O coeficiente de determinação R^2 da regressão linear múltipla é 0,19, o que significa que o conjunto de variáveis explicam 19% da duração do processo.

2.2 Regressão logística

2.2.1 Regressão logística simples com variável explicativa quantitativa

Até agora foi estudada apenas uma variável resposta quantitativa, a duração do processo. Ocorre que muitas vezes pretende-se estudar o comportamento de variáveis resposta qualitativas ou categóricas, como a aplicação de multas em julgados do TCU. A regressão linear é usada para variáveis respostas quantitativas, mas não é adequada para variáveis resposta qualitativas. Um dos modelos mais utilizados para explicar variáveis resposta qualitativas é a *regressão logística*. O tipo de variável resposta mais usual na regressão logística é a *variável resposta binária*, que só tem duas categorias, como a aplicação ou não de multa, do nosso conjunto de dados, e que pode ser substituída por uma variável que assume os valores 1 ou 0, respectivamente. Em vez de modelar a resposta Y diretamente, a regressão logística calcula a probabilidade de Y pertencer a determinada categoria, por exemplo, a probabilidade de haver a aplicação de multa em determinado julgado. A *regressão logística simples* tem uma variável explicativa quantitativa ou qualitativa:

$$p(X) = \frac{e^{\beta_0 + \beta_1 X_1}}{1 + e^{\beta_0 + \beta_1 X_1}} \quad (2.7)$$

Onde:

p(X): probabilidade de ocorrer um valor Y da variável resposta (neste exemplo Y=1, ou seja, decisão pela aplicação de multa) para um determinado valor da variável explicativa X_1. p(X) somente pode assumir valores entre 0 e 1.

β_0, β_1: coeficientes da regressão logística.

A Tabela 2.9 apresenta a estimativa dos coeficientes da regressão logística simples, para a variável resposta binária, aplicação ou não de multa em função da duração do processo, calculados pelo pacote estatístico R. O p-valor do coeficiente $\widehat{\beta}_1$ é $2,2 \times 10^{-16}$ e, portanto, existe relação entre a aplicação de multa e a duração do processo.

TABELA 2.9
Coeficientes da regressão logística da aplicação de
multa em função da duração do processo

Coeficientes	Estimativa	erro padrão	p-valor
$\widehat{\beta}_0$	-1,030	0,014	2×10^{-16}
$\widehat{\beta}_1$	0,134	0,003	2×10^{-16}

Segue abaixo o cálculo da probabilidade de aplicação de multa para as durações do processo de 1 e 10 anos, apenas para ilustrar, uma vez que os cálculos normalmente são feitos por pacotes estatísticos:

Para a duração de 1 ano, a probabilidade de aplicação multa é de 29%:

$$p(1) = \frac{e^{\beta_0+\beta_1 X_1}}{1+e^{\beta_0+\beta_1 X_1}} = \frac{e^{\beta_0+\beta_1 X_1}}{1+e^{\beta_0+\beta_1 X_1}} =$$

$$\frac{e^{-1,030+0,134 X_1}}{1+e^{-1,030+0,134 X_1}} = \frac{e^{-0,896}}{1+e^{-0,896}} = \frac{0,408}{1+0,408} = 0,29$$

Para a duração de 10 anos, a probabilidade de aplicação multa é de 58%:

$$p(10) = \frac{e^{\beta_0+\beta_1 X_1}}{1+e^{\beta_0+\beta_1 X_1}} = \frac{e^{\beta_0+\beta_1 \cdot 10}}{1+e^{\beta_0+\beta_1 \cdot 10}} = \frac{e^{-1,030+0,134 X 10}}{1+e^{-1,030+0,134 X 10}} =$$

$$\frac{e^{0,311}}{1+e^{0,311}} = \frac{1,364}{1+1,364} = 0,58$$

A Tabela 2.10 e o Gráfico 2.7 mostram as probabilidades de aplicação de multa em função da duração do processo, calculadas pelo pacote R.

TABELA 2.10
Probabilidade de multa x duração do processo

Duração (anos)	Probabilidade de aplicação de multa (%)
1	28
5	41
10	58
15	73
20	84
30	96
35	98

GRÁFICO 2.7
Probabilidade de multa x duração do processo

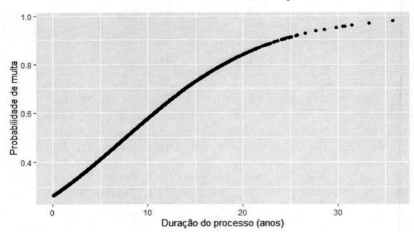

No Gráfico 2.8 pode-se observar a regressão logística. No eixo vertical estão as probabilidades de o julgado ser pela aplicação de multa [Y=P(X)]. No eixo horizontal estão os 51.183 julgados ordenados de acordo com o valor de P(X).

GRÁFICO 2.8
Regressão logística

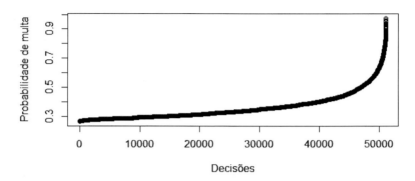

As regressões logísticas permitem também fazer predições. Na regressão apresentada foi usada toda a base de dados (51.183 julgados, de 2011 a 2020). Para o *modelo preditivo* a regressão logística será feita com os julgados de 2011 a 2018 (39.335). Então, será calculada a probabilidade de aplicação de multa para os julgados de 2019 e 2020 (11.846), em função de suas variáveis. Quando a probabilidade for maior que 50% [p(X)>0,5] a previsão é que haverá aplicação de multa, e se for menor que 50%, que a multa não será aplicada. Finalmente calcula-se a *acurácia* do modelo, que é a porcentagem de previsões verdadeiras em relação ao total de predições.

A Tabela 2.11 mostra uma comparação entre as decisões e as predições. Nas colunas estão as decisões e nas linhas as predições. As predições verdadeiras estão no cruzamento da primeira linha com a primeira coluna (sem multa, 7.292 verdadeiros negativos) e no cruzamento da segunda linha com a segunda coluna (com multa, 407 verdadeiros positivos). O total de predições verdadeiras é 7.699 (7.292+407). As predições falsas estão no cruzamento da primeira linha com a segunda coluna (3.419 falsos negativos) e no cruzamento da segunda linha com a primeira coluna (728 falsos positivos). O total de predições falsas é 4.147 (3.419+728). A acurácia do modelo é definida como a quantidade de predições verdadeiras dividido pelo total de predições. Este modelo tem uma acurácia de 0,650 (7.699/11.846) ou 65,0%.

TABELA 2.11
Acurácia do modelo multa x duração

PREDIÇÕES	DECISÕES	
	Sem multa	Com multa
Sem multa	7.292	3.419
Com multa	728	407

2.2.2 Regressão logística simples com variável explicativa qualitativa

A Tabela 2.12 apresenta os coeficientes da regressão logística da multa em função do tipo de processo, calculados pelo pacote R.

TABELA 2.12
Coeficientes da regressão logística da multa em função do tipo de processo

(continua)

TIPO DE PROCESSO	Coeficientes $(\hat{\beta}_n)$
ACOMPANHAMENTO (ACOM) $\hat{\beta}_0$	-2,047
ADMINISTRATIVO (ADM)	-1,652
APOSENTADORIA (APOS)	-2,297
ARGUIÇÃO DE IMPEDIMENTO/SUSPEIÇÃO (ARGUI)	-14,518
ATOS DE ADMISSÃO (ADS)	-3,761
CONSULTA (CONS)	-3,156
CONTAS DO PRESIDENTE DA REPÚBLICA (CGOV)	-14,518
CONTESTAÇÃO DE COEFICIENTES DE TRANSF. OBRIGATÓRIAS (CCTO)	-14,518
DENÚNCIA (DEN)	1,017
DESESTATIZAÇÃO (DES)	-3,420
INDISPONIBILIDADE DE BENS (IND)	-14,518
MONITORAMENTO (MON)	1,207
PENSÃO CIVIL (PCIV)	-2,654
PENSÃO ESPECIAL DE EX-COMBATENTE (PEEC)	-14,518
PENSÃO MILITAR (PMIL)	-14,518
PRESTAÇÃO DE CONTAS (PC)	1,682
PRESTAÇÃO DE CONTAS EXTRAORDINÁRIA (PCEX)	18,613

(conclusão)

TIPO DE PROCESSO	Coeficientes $(\hat{\beta}_n)$
PRESTAÇÃO DE CONTAS SIMPLIFICADA (PCSP)	2,204
REFORMA (REFO)	-14,518
RELATÓRIO DE ACOMPANHAMENTO (RACOM)	-0,974
RELATÓRIO DE AUDITORIA (RA)	0,462
RELATÓRIO DE INSPEÇÃO (RI)	0,463
RELATÓRIO DE LEVANTAMENTO (RL)	0,500
RELATÓRIO DE MONITORAMENTO (RMON)	-0,279
REPRESENTAÇÃO (REPR)	0,660
SIGILOSO	-14,518
SOLICITAÇÃO (SOLI)	-14,518
SOLICITAÇÃO DO CONGRESSO NACIONAL (SCN)	-1,777
TOMADA DE CONTAS (TC)	1,990
TOMADA DE CONTAS ESPECIAL (TCE)	2,906
TOMADA DE CONTAS SIMPLIFICADA (TCSP)	2,361

Abaixo, como ilustração, será feito o cálculo da probabilidade de multa para dois tipos de processo. Para o tipo base, Acompanhamento (ACOM), a probabilidade de aplicação de multa é de 11%:

$$p(ACOM) = \frac{e^{\beta_0}}{1+e^{\beta_0}} = \frac{e^{-2,047}}{1+e^{-2,047}} = \frac{0,129}{1+0,129} = 0,11$$

Para o tipo de processo Tomada de Contas Especial (TCE), a probabilidade de aplicação de multa é de 70%:

$$p(TCE) = \frac{e^{\beta_0+\beta_1}}{1+e^{\beta_0+\beta_1}} = \frac{e^{\beta_0+\beta_1}}{1+e^{\beta_0+\beta_1}} = \frac{e^{-2,047+2,906}}{1+e^{-2,047+2,906}} =$$

$$\frac{e^{0,859}}{1+e^{0,859}} = \frac{2,361}{1+2,361} = 0,70$$

A Tabela 2.13 expõe as probabilidades de aplicação de multa em função do tipo de processo, calculadas pelo pacote R.

TABELA 2.13
Probabilidade de multa x tipo de processo

TIPO DE PROCESSO	Probabilidade de multa (p) %
ACOMPANHAMENTO (ACOM)	11
ADMINISTRATIVO (ADM)	2
APOSENTADORIA (APOS)	1
ARGUIÇÃO DE IMPEDIMENTO/SUSPEIÇÃO (ARGUI)	-
ATOS DE ADMISSÃO (ADS)	-
CONSULTA (CONS)	1
CONTAS DO PRESIDENTE DA REPÚBLICA (CGOV)	0
CONTESTAÇÃO DE COEFICIENTES DE TRANSF. OBRIGATÓRIAS (CCTO)	0
DENÚNCIA (DEN)	26
DESESTATIZAÇÃO (DES)	-
INDISPONIBILIDADE DE BENS (IND)	-
MONITORAMENTO (MON)	30
PENSÃO CIVIL (PCIV)	1
PENSÃO ESPECIAL DE EX-COMBATENTE (PEEC)	-
PENSÃO MILITAR (PMIL)	-
PRESTAÇÃO DE CONTAS (PC)	41
PRESTAÇÃO DE CONTAS EXTRAORDINÁRIA (PCEX)	100
PRESTAÇÃO DE CONTAS SIMPLIFICADA (PCSP)	54
PROPOSTA DE FISCALIZAÇÃO (PFIS)	-
REFORMA (REFO)	5
RELATÓRIO DE ACOMPANHAMENTO (RACOM)	17
RELATÓRIO DE AUDITORIA (RA)	17
RELATÓRIO DE INSPEÇÃO (RI)	18
RELATÓRIO DE LEVANTAMENTO (RL)	9
RELATÓRIO DE MONITORAMENTO (RMON)	20
REPRESENTAÇÃO (REPR)	-
SIGILOSO	-
SOLICITAÇÃO (SOLI)	2
SOLICITAÇÃO DO CONGRESSO NACIONAL (SCN)	49
TOMADA DE CONTAS (TC)	70
TOMADA DE CONTAS ESPECIAL (TCE)	58

No Gráfico 2.9 pode-se observar a regressão logística. No eixo vertical estão as probabilidades de o julgado ser pela aplicação de multa [Y=P(X)]. No eixo horizontal estão os 51.183 julgados ordenados de acordo com o valor de P(X).

GRÁFICO 2.9
Regressão logística

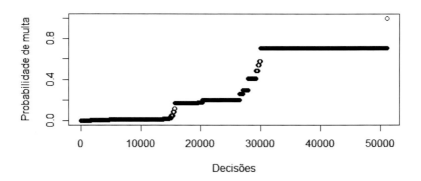

A Tabela 2.14 mostra a acurácia do modelo preditivo das multas em relação ao tipo de processo. O modelo acertou 10.024 previsões em 11.846, e tem, portanto, uma acurácia de 84,6%, superior ao modelo anterior baseado nas durações dos processos.

TABELA 2.14
Acurácia do modelo multa x tipo de processo

	DECISÕES	
PREDIÇÕES	Sem multa	Com multa
Sem multa	6.733	535
Com multa	1.287	3.291

2.2.3 Regressão logística múltipla com variáveis explicativas quantitativas e qualitativas

Na *regressão logística múltipla* existe mais de uma variável explicativa quantitativa ou qualitativa:

$$p(X) = \frac{e^{\beta_0 + \beta_1 X_1 + \cdots + \beta_p X_p}}{1 + e^{\beta_0 + \beta_1 X_1 + \cdots + \beta_p X_p}} \quad (2.8)$$

Onde:

p(X): probabilidade de ocorrer um valor Y da variável resposta (neste exemplo Y=1, ou seja, decisão pela aplicação de multa) para um determinado conjunto (X) de valores das variáveis explicativas (X1, ..., Xp). p(X) somente pode assumir valores entre 0 e 1.

β_0, β_1, ..., β_p: coeficientes da regressão logística.

A Tabela 2.15 expõe 5 dos 48 coeficientes da regressão logística da aplicação de multa em função de três variáveis: duração, tipo e relator do processo. Não estão apresentados todos os coeficientes porque o procedimento é semelhante ao dos itens anteriores.

TABELA 2.15
Coeficientes da regressão logística múltipla

Variável	Categoria	Coeficientes (β_1)
Duração = 0, relatora = Ana Arraes e tipo de processo = Acompanhamento (β_0)		-2,437
Duração do Processo (anos)		0,042
Tipo de processo	APOSENTADORIA (APOS)	-2,221
	TOMADA DE CONTAS ESPECIAL (TCE)	2,992
Relator	VITAL DO RÊGO	-0,516
	JOSÉ MUCIO MONTEIRO	0,580

A probabilidade de aplicação de multa, quando a duração do processo é de 1 ano, o tipo de processo é aposentadoria e o relator é o Ministro Vital do Rego é de 0,6%:

$$p(X) = \frac{e^{\beta_0 + \beta_1 X_1 + \cdots + \beta_p X_p}}{1 + e^{\beta_0 + \beta_1 X_1 + \cdots + \beta_p X_p}} = \frac{e^{-2,437 + 1 \times 0,042 - 2,221 - 0,516}}{1 + e^{-2,437 + 1 \times 0,042 - 2,221 - 0,516}} =$$

$$\frac{e^{-5,132}}{1 + e^{-5,132}} = 0,006$$

Por outro lado, a probabilidade de aplicação de multa quando a duração é 10 anos, o tipo de processo é a tomada de contas especial e o relator é o Ministro José Mucio Monteiro é de 83%:

$$p(X) = \frac{e^{-2,487+10X0,042+2,992+0,580}}{1+e^{-2,487+10X0,042+2,992+0,580}} = \frac{e^{1,565}}{1+e^{1,565}} = 0,83$$

Os cálculos acima foram elaborados para ilustrar, uma vez que usualmente eles são feitos por pacotes estatísticos. No Gráfico 2.10 pode-se observar a regressão logística da aplicação de multa em função da duração, tipo e relator do processo.

GRÁFICO 2.10
Regressão logística da multa em função da duração,
do relator e do tipo de processo

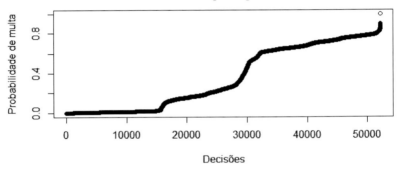

A Tabela 2.16 apresenta a acurácia do modelo para esta regressão. O modelo acertou 10.033 previsões em 11.846, e tem, portanto, uma acurácia de 84,7.

TABELA 2.16
Acurácia do modelo de regressão logística múltipla

	DECISÕES	
PREDIÇÕES	Sem multa	Com multa
Sem multa	6.696	489
Com multa	1.324	3.337

CAPÍTULO 3

VIGÊNCIA E DESAFIOS DA LEI DE RESPONSABILIDADE FISCAL, JURIMETRIA E TRIBUNAIS DE CONTAS: UM ESTUDO QUANTITATIVO SOBRE O TRIBUNAL DE CONTAS DO MUNICÍPIO DE SÃO PAULO[1]

3.1 Introdução

No ano de 2020 estão sendo comemorados os 20 anos de vigência da Lei de Responsabilidade Fiscal (LRF). Já existe, portanto, tempo suficiente para desenvolver um estudo quantitativo da aplicação da LRF pelos tribunais. O estudo da aplicação das leis pelos tribunais é fundamental na medida em que é um instrumento de retroalimentação de informações para o aperfeiçoamento da legislação. Produz também informação relevante na construção de matrizes de risco para planejamento de auditorias, o que melhora a eficiência e eficácia dos Tribunais de Contas, cada vez mais cobradas pela sociedade. Este estudo empírico é feito por meio da Jurimetria. Jurimetria é a aplicação de métodos estatísticos ao Direito. Por meio da Jurimetria é possível obter informações relevantes e científicas, fazer inferências sobre a população de julgados a partir de amostras, como a descrição de parâmetros populacionais e a existência de relações de causa e efeito, com uma probabilidade conhecida de certeza (nível de significância) e,

---

[1] Publicado na *Revista Cadernos da Escola Paulista de Contas*, v. 1, n. 5, 1º Sem. 2020.

também, com uma margem de erro conhecida. Nunes e Pereira (2013) analisam como o uso da Jurimetria pode melhorar a qualidade das leis:

> Uma vez editada, a lei nova exige ainda um esforço adicional do Poder Judiciário e dos aplicadores do Direito, na sua interpretação e aplicação. [...]
> Por mais cautela que se tenha na elaboração de uma lei, ela sempre conterá um espaço de liberdade que deverá ser preenchido no momento de seu cumprimento. Os estudos empíricos do Direito, assim, assumem papel de grande relevância, pois permitem que saibamos como os cidadãos e os julgadores portam-se diante de uma lei já existente e como provavelmente se portarão frente a uma nova lei.
> [...]
> Um dos meios econômicos e rápidos para investigar essa realidade é a Jurimetria, disciplina que estuda o funcionamento da ordem jurídica através da Estatística, descrevendo as características do Direito em operação e inferindo associações capazes de explicar o comportamento e as reações dessa ordem. Fazendo uso de amostragens e estudos inferenciais, essa técnica é capaz de investigar grandes populações e identificar relações de associação e causalidade que elucidem as razões dos sucessos e fracassos de nossas práticas correntes. O plano concreto do Direito precisa ser estudado porque as decisões dos tribunais, os contratos e todos os atos diariamente criados aos milhares na ordem jurídica brasileira não são uma consequência mecânica da lei, mas constituem o resultado de um complexo e rico processo de coordenação de fatores jurídicos, sociais, econômicos e psicológicos, que contêm informações abundantes a respeito dos desafios a serem enfrentados pelos legisladores.

O objeto deste trabalho é aplicação da Lei de Responsabilidade Fiscal (LRF) pelo Tribunal de Contas do Município de São Paulo (TCMSP). A hipótese que se pretende provar verdadeira é que o uso da Jurimetria produz informações relevantes, tanto para o processo legislativo como para o planejamento de auditorias dos Tribunais de Contas. A pergunta de partida é: Como tem sido aplicada a LRF no âmbito do TCMSP? Este estudo se justifica na medida em que o estudo da aplicação das leis é fundamental para o aperfeiçoamento do processo legislativo e para a melhoria da eficiência e eficácia dos Tribunais de Contas, pois pode contribuir para a construção de matrizes de risco baseadas em evidências para o planejamento de auditorias. O objetivo deste trabalho é mostrar como a LRF tem sido aplicada pelo TCMSP, utilizando diferentes unidades de análise como o artigo da LRF mencionado no julgado, o tipo de processo e o órgão investigado.

3.2 Referencial teórico

Tem sido observado um interesse cada vez maior pelos estudos empíricos do Direito. Como exemplo, pode-se mencionar a *Society for Empirical Legal Studies* (SELS), sediada na *Cornell University Law School*, que publica o *Journal of Empirical Legal Studies* (JELS).

A análise empírica do sistema jurídico tem uma longa tradição, ainda que irregular, na academia. Muitos realistas jurídicos da década de 1930 deixaram sua marca com estudos empíricos. Um número crescente de estudiosos contemporâneos reconhece o valor da análise empírica na compreensão do sistema jurídico e seu papel na sociedade. A JELS fornece uma saída para a publicação de trabalhos empíricos de alta qualidade, apoiando e incentivando esse crescente campo de estudo.
Atualmente, existe uma lacuna na literatura de ciências sociais e jurídicas que muitas vezes deixa acadêmicos, advogados e formuladores de políticas sem conhecimento básico dos sistemas legais ou com impressões falsas ou distorcidas. Até mesmo dados descritivos simples sobre o funcionamento dos tribunais e dos sistemas jurídicos geralmente faltam. A reforma e o debate intelectual procederam anteriormente em um vácuo empírico. Os tribunais e os advogados muitas vezes não sabem o que fazer das descobertas empíricas, em parte porque raramente as encontram. JELS preenche esta lacuna.
Chegou a hora de estudos empíricos do sistema jurídico. Com a explosão da tecnologia da informação, as fontes de dados no sistema jurídico estão melhorando em qualidade e acessibilidade. Em comparação com apenas alguns anos atrás, hoje os pesquisadores podem acessar facilmente os conjuntos de dados originais. (JOURNAL OF EMPIRICAL LEGAL STUDIES, 2020)

Na mesma linha, existe no Brasil a *Revista de Estudos Empíricos do Direito* (REED), publicada pela Escola de Direito de São Paulo, da Fundação Getulio Vargas.

A Revista de Estudos Empíricos em Direito tem por missão fomentar uma cultura de pesquisa empírica no universo do Direito. Trata-se de uma revista acadêmica que objetiva, por meio da publicação de pesquisas empíricas e de reflexões teóricas sobre pesquisa, contribuir para uma maior abertura da academia jurídica a toda uma produção de diversas disciplinas que se debruçam sobre algum aspecto do Direito. Há por detrás deste projeto a crença de que tanto o aporte de dados de pesquisa empírica quanto uma reflexão metodológica e epistemológica sobre esse tipo de pesquisa podem ser fatores de grande contribuição o avanço do conhecimento do Direito enquanto fenômeno social. (REVISTA DE ESTUDOS EMPÍRICOS DO DIREITO, 2020)

Este movimento em direção ao campo empírico pode ser considerado uma revolução científica no Direito. Talvez pela dificuldade de separar a figura do operador do Direito da figura do cientista, há séculos textos jurídicos sustentam suas teses em *argumentos de autoridade* ou *reverencialismo*, em que citações de juristas de renome seriam consideradas suficientes para confirmar hipóteses. Ou ainda, estes textos recorrem ao *manualismo*, no qual a articulação de citações de clássicos da literatura jurídica, muitas vezes com discussões filosóficas, recorrendo apenas a elaborações da razão pura, sem evidências no mundo real, é considerada o bastante para poder afirmar que proposições são verdadeiras. Em muitos destes textos, a Jurisprudência é utilizada para defender teses, normalmente pinçando uma ou poucas decisões no sentido defendido, sem se preocupar com evidência científica relevante, a real proporção destas decisões na população de julgados, que só pode ser obtida com estudos estatísticos. Conforme Oliveira (2004, p. 4):

> Falando de uma maneira bem simples, uma coisa é um advogado elaborando um parecer, como já disse. Outra coisa é um acadêmico sustentando uma tese. No primeiro caso, a primeira lealdade do parecerista é para com o interesse do seu cliente; já a primeira lealdade do mestrando ou doutorando deverá ser para com a verdade.

A Jurimetria é o ramo dos estudos empíricos do Direito com abordagem quantitativa e que utiliza a Estatística para transformar dados empíricos em informações relevantes, com um nível de certeza (significância) e margem de erro conhecidos. O termo Jurimetria foi utilizado pela primeira vez em 1949, numa publicação dos Estados Unidos, por Lee Lovinger, que publicou posteriormente dois outros trabalhos clássicos sobre o tema (LOVINGER, 1949, 1961, 1963).

> Advogados e juízes geralmente se empenham em tentar aplicar os princípios ou analogias de casos, estatutos e regulamentos a novas situações. Os cientistas geralmente estão envolvidos na coleta de dados experimentais e estatísticos e na análise matemática deles. Escritores sobre jurisprudência estão envolvidos na análise filosófica de conceitos e idéias jurídicas
> [...]
> A jurisprudência está envolvida em fazer perguntas como: Qual é a natureza da lei? Qual é o fim ou objetivo da lei? O que é propriedade?

Por que as pessoas devem cumprir promessas? Por que devemos punir criminosos? Por que um homem deve ser responsabilizado por negligência? Essas são perguntas que buscam respostas definitivas, como o 'Porquê' de uma criança curiosa. Essas não são perguntas que podem ser feitas ou respondidas por qualquer disciplina científica. Na medida em que existem respostas para perguntas como essas, as respostas são as de filosofia, ética, estética ou teologia. Em resposta a essas perguntas, o homem pode oferecer apenas especulação, preferência ou fé. As questões sem resposta da vida pertencem ao domínio da filosofia e a jurisprudência é a filosofia do Direito.

Por outro lado, na ciência, uma pergunta não tem sentido a menos que seja possível encontrar alguma operação pela qual uma resposta possa ser dada a ela. Embora a forma certamente não seja determinativa, é provável que as questões da ciência, em contraste com as da filosofia, sejam do 'Como?', variedade: como você sabe disso? Como você faz isso? As questões da ciência não buscam respostas definitivas, mas apenas respostas imediatas, sujeitas a correção e modificação adicionais à medida que perguntas adicionais são formuladas'

[...]

Assim, o termo 'Jurimetria' foi sugerido, e está ganhando algum uso, como designação para as atividades que envolvem investigação científica de problemas jurídicos. (LOEVINGER, 1949, p. 5-8)

Loevinger foi influenciado pela corrente Realismo Jurídico, originária dos Estados Unidos, que se preocupa com a aplicação da lei e suas consequências, o campo do *ser*, em oposição ao Positivismo, dominante na Europa continental, que se preocupa com aspectos abstratos, o campo do *dever ser*.

No Brasil, em 2011, foi fundada a Associação Brasileira de Jurimetria (ABJ). Seu presidente publicou uma das primeiras e mais influentes obras sobre Jurimetria: "Jurimetria: como a Estatística pode reinventar o Direito" (NUNES, 2016). Nesta obra o autor define Jurimetria:

O que é Jurimetria?

Os avanços da computação possibilitaram uma nova forma de encarar as normas e a sua aplicação que baseia-se em dados e, consequentemente, em Estatísticas. Por isso, ela pode ser genericamente definida como 'a Estatística aplicada do Direito'.

Por outro lado, essa definição não esclarece aspectos práticos importantes. Quando se faz Jurimetria, busca-se dar concretude às normas e instituições, situando no tempo e no espaço os processos, os juízes, as decisões, as sentenças, os tribunais, as partes etc. Quando se faz

Jurimetria, enxerga-se o Judiciário como um grande gerador de dados que descrevem o funcionamento completo do sistema. Quando se faz Jurimetria, estuda-se o Direito através das marcas que ele deixa na sociedade.

Por causa dessa relação direta com o funcionamento do judiciário, os agentes do Direito sempre podem se beneficiar de um diálogo com os jurimetristas. Se o jurista pergunta 'Devemos começar o cumprimento de pena em segunda instância?', o jurimetrista perguntará 'Em quantos casos isso seria injusto?'. Se o tribunal questiona 'Qual tipo de processo é mais complicado?', o jurimetrista perguntará 'Qual é o tipo de processo que demora mais?'. Se o advogado pergunta 'Em quanto indenizar-se-á o dano moral?', o jurimetrista perguntará 'Quanto se pagou em casos similares?'.

Todos esses questionamentos são naturalmente quantitativos. (ASSOCIAÇÃO BRASILEIRA DE JURIMETRIA, 2020)

3.3 Metodologia

Esta pesquisa é exploratória, e quantitativa. A técnica utilizada neste estudo é a pesquisa documental com fonte primária. Foram pesquisados julgados na sessão de jurisprudência no sítio eletrônico do Tribunal de Contas do Município de São Paulo (TCMSP), usando-se a expressão Lei de Responsabilidade Fiscal. A pesquisa resultou numa população de 157 julgados. A partir da população calculou-se uma amostra de 112 julgados, para fazer inferências com 95% de certeza e margem de erro de 5% sobre os parâmetros da população.

3.4 Resultados

A Figura 1 mostra a primeira página do resultado da pesquisa na sessão de Jurisprudência do sítio eletrônico do TCMSP, com a expressão Lei de Responsabilidade Fiscal.

FIGURA 1
Pesquisa no sítio eletrônico do TCMSP

Fonte: São Paulo (2020).

A busca foi realizada em 15 de abril de 2020 e resultou numa população de 157 julgados do ano 2000 ao ano 2019. Em seguida calculou-se o tamanho da amostra necessário para fazer inferências sobre os parâmetros populacionais com um nível de confiança de 95% e uma margem de erro de 5%. A Figura 2 mostra a fórmula utilizada.

FIGURA 2
Cálculo do tamanho da amostra para proporções

$$n = \frac{p(1-p)Z^2 N}{\varepsilon^2(N-1) + Z^2 p(1-p)}$$

Fonte: Agrononik; Hirakata (2011, p. 383) *apud* Luvizotto; Garcia (2020, p. 63).

Onde:
n: tamanho da amostra;
p: proporção esperada;
Z: valor da distribuição normal para determinado nível de confiança;
N: tamanho da população;
ε: margem de erro (tamanho do intervalo de confiança).

No presente estudo os valores são os seguintes:
p = 0,5
Z= 1,96 (para nível de confiança de 95%)
N = 157
ε = 0,05 (5%)

Conforme Agranonik e Hirakata (2011 *apud* LUVIZOTTO; GARCIA, 2020, p. 63), quando não existem proporções esperadas encontradas na literatura ou não foram realizados estudos piloto para estimar proporções, o que é o caso deste estudo, a solução para o problema é supor que p = 0,5 (50%), o que leva a um valor da amostra a favor da segurança.

Em Suporte ao Minitab 19 (2019 *apud* LUVIZOTTO; GARCIA, 2020, p. 61) encontramos a definição de nível de confiança:

> O nível de confiança representa a porcentagem de intervalos que iriam incluir o parâmetro populacional se você reunisse amostras da mesma população, repetidas vezes. Um nível de confiança de 95% normalmente funciona bem. Isso indica que, se você tiver coletado uma centena de amostras, e tiver calculado 95% de intervalos de confiança, você esperaria que aproximadamente 95 dos intervalos contivesse o parâmetro populacional [...].

A Figura 3 abaixo ilustra o conceito de nível de confiança, onde μ é o parâmetro referente à média populacional.

FIGURA 3
Nível de confiança

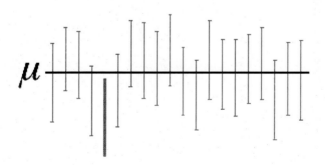

Fonte: Suporte ao Minitab 19 (2019) *apud* Luvizotto; Garcia (2020, p. 62).

A linha horizontal representa o valor fixo da média desconhecida da população. Os intervalos de confiança verticais sobrepostos à linha horizontal contêm o valor da média da população. O intervalo de confiança totalmente abaixo da linha horizontal não contém esse valor. Um nível de confiança de 95% indica que 19 em 20 amostras (95%) da mesma população produzem intervalos de confiança contendo o parâmetro da população. (SUPORTE AO MINITAB 19, 2019 *apud* LUVIZOTTO; GARCIA, 2020, p. 62)

Correa (2003, p. 97) define intervalo de confiança:

A estimação por pontos de um parâmetro não possui uma medida do possível erro cometido na estimação, daí surge a ideia de construir os intervalos de confiança, que são baseados na distribuição amostral do estimador pontual.

Uma maneira de expressar a precisão da estimação é estabelecer limites que, com certa probabilidade, incluam o verdadeiro valor do parâmetro da população. Esses limites são chamados 'limites de confiança': determinam um intervalo de confiança, no qual deverá estar o verdadeiro valor do parâmetro. Logo, a estimação por intervalo consiste na fixação de dois valores tais que $(1 - \alpha)$ seja a probabilidade de que o intervalo, por eles determinado, contenha o verdadeiro valor do parâmetro.

O resultado obtido aplicando a equação da Figura 2 foi n = 112. Em seguida foi selecionada uma amostra aleatória simples (AAS), por meio de números aleatórios, de 112 julgados da população de 157 julgados encontrados no sítio do TCMSP sobre a LRF. Por meio desta amostra, estimamos vários parâmetros (proporções) da população. Como o tamanho da amostra foi calculado a favor da segurança, a margem de erro (ε) de 5% se refere a proporções acima de 20%. Para proporções menores, a margem de erro é menor, conforme Tabela 1.

TABELA 1

Margem de erro (ε) em função da proporção (p) ou frequência relativa (%)

Frequência relativa (%)	Proporção (p)	Margem de erro (ε)
Maior que 20%	p ≥ 0,2	± 5% (0,05)
Entre 10 e 20%	0,1 ≤ p ≥ 0,2	± 4% (0,04)
Entre 5 e 10%	0,05 ≤ p ≥ 0,1	± 3% (0,03)
Entre 0 e 5%	0 ≤ p ≥ 0,05	± 2% (0,02)

Fonte: elaboração do autor.

A Tabela 2 mostra a frequência absoluta e relativa (%) de citação de diversos artigos da LRF nos julgados do TCMSP em que a LRF foi mencionada. Os totais das frequências absolutas e relativas são diferentes, respectivamente, do tamanho da amostra (112) e de 100% porque nem todos os julgados citam artigos da LRF e alguns julgados citam mais de um artigo.

TABELA 2

Frequência absoluta e relativa (%) de citações de artigos da LRF em julgados do TCMSP em que a LRF foi mencionada

Artigo citado	Frequência absoluta	Frequência relativa (%)
1	1	0,9
2	1	0,9
4	5	4,5
5	3	2,7
8	1	0,9
9	3	2,7
10	1	0,9
14	2	1,8
16	23	20,5
17	3	2,7
18	25	22,3
27	1	0,9
37	2	1,8
32	1	0,9
42	6	5,4
45	2	1,8
48	2	1,8
49	1	0,9
50	7	6,3
52	2	1,8
53	2	1,8
54	3	2,7
55	4	3,6
59	1	0,9
62	1	0,9
72	5	4,5
TOTAL	108	96,8

Fonte: elaboração do autor.

A Tabela 3 mostra a frequência absoluta e relativa (%) do tipo de processo nos julgados do TCMSP em que a LRF foi mencionada.

CAPÍTULO 3

TABELA 3
Frequência absoluta e relativa (%) do tipo de processo nos
julgados do TCMSP em que a LRF foi mencionada

Tipo de Processo	Frequência absoluta	Frequência relativa (%)
ANÁLISE	39	34,8
BALANÇO	27	24,1
ACOMPANHAMENTO	16	14,2
REPRESENTAÇÃO	10	8,9
AUDITORIA	5	4,5
DIVERSOS	4	3,6
CONSULTA	4	3,6
PETIÇÃO	3	2,7
DENÚNCIA	1	0,9
DESTAQUE	1	0,9
INSPEÇÃO	1	0,9
AÇÕES	1	0,9
TOTAL	112	100

Fonte: elaboração do autor.

O número total de julgados (população) do sítio eletrônico do
TMSP é 9.608. A Tabela 4 apresenta as frequências absoluta e relativa
(%), na população total do TCMSP, dos três tipos de processo mais
frequentes da Tabela 3.

TABELA 4
Frequência absoluta e relativa (%) de tipos de processo
na população total de julgados do TCMSP

Tipo de Processo	Frequência absoluta	Frequência relativa (%)
ANÁLISE	3498	36,4
BALANÇO	297	3,1
ACOMPANHAMENTO	1515	15,7
TOTAL		55,2

Fonte: elaboração do autor.

A Tabela 5 mostra a frequência absoluta e relativa (%) dos órgãos
investigados em julgados do TCMSP em que a LRF foi mencionada.
Os totais das frequências absolutas e relativas são diferentes, respectivamente, do tamanho da amostra (112) e de 100% porque na Tabela 5
foram listados apenas os órgãos com três ou mais observações.

TABELA 5
Frequência absoluta e relativa (%) dos órgãos investigados nos julgados do TCMSP em que a LRF foi mencionada

ÓRGÃO	Frequência absoluta	Frequência relativa (%)
Prefeitura Municipal de São Paulo (PMSP)	17	15,2
Câmara Municipal de São Paulo (CMSP)	15	13,4
Secretaria Municipal de Educação (SME)	14	12,5
Secretaria Municipal de Serviços e Obras (SSO)	9	8
Secretaria Municipal de Cultura (SMC)	7	6,3
Secretaria Municipal de Habitação (SEHAB)	4	3,6
Secretaria Municipal de Gestão (SMG)	4	3,6
Tribunal de Contas do Município de São Paulo (TCMSP)	4	3,6
Serviço Funerário do Município de São Paulo (SFMSP)	3	2,7
Secretaria Municipal de Infraestrutura Urbana e Obras (SIURB)	3	2,7
Secretaria Municipal do Verde e do Meio Ambiente (SVMA)	3	2,7
TOTAL	66	59,1

Fonte: elaboração do autor.

A Tabela 6 apresenta as frequências absoluta e relativas (%), na população total de julgados do TCMSP, dos cinco órgãos mais frequentes da Tabela 5.

TABELA 6
Frequência abasoluta e relativa (%) de órgãos na população total de julgados do TCMSP.

ÓRGÃO	Frequência absoluta	Frequência relativa (%)
Prefeitura Municipal de São Paulo (PMSP)	109	1,1
Câmara Municipal de São Paulo (CMSP)	277	2,9
Secretaria Municipal de Educação (SME)	1095	11,4
Secretaria Municipal de Serviços e Obras (SSO)	161	1,7
Secretaria Municipal de Cultura (SMC)	323	3,4
TOTAL		19,4

Fonte: elaboração do autor.

A Figura 4 mostra a quantidade por ano de julgados do TCMSP em que a LRF foi mencionada.

FIGURA 4
Quantidade por ano de julgados do TCMSP em que a LRF foi mencionada

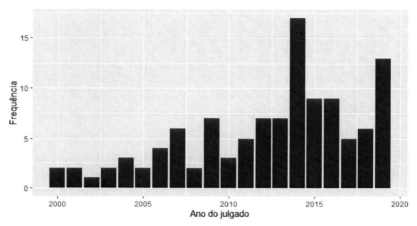

Fonte: elaboração do autor.

A Tabela 7 mostra a frequência absoluta e relativa (%) de processos quanto à regularidade nos julgados do TCMSP em que a LRF foi mencionada. É importante ressaltar que a maioria desses julgados, além de irregularidades em relação à LRF, decide sobre irregularidades em relação a outras normas. Além disto, existem processos que não tem como objeto o julgamento de irregularidades.

TABELA 7
Frequência absoluta e relativa (%) de processos quanto à regularidade nos julgados do TCMSP em que a LRF foi mencionada

Regularidade	Frequência absoluta	Frequência relativa (%)
Regular	18	16,1
Irregular	24	21,4
Sem julgamento de regularidade	70	62,5
TOTAL	112	100

Fonte: elaboração do autor.

A Tabela 8 mostra a frequência absoluta e relativa (%), quanto à votação, de julgados do TCMSP em que a LRF foi mencionada.

TABELA 8
Frequência absoluta e relativa (%), quanto à votação,
de julgados do TCMSP em relação à LRF

Votação	Frequência absoluta	Frequência relativa (%)
Votação unânime	87	77,7
Votação por maioria	13	11,6
Sem votação	12	10,7
TOTAL	112	100

Fonte: elaboração do autor.

A Tabela 9 mostra a frequência absoluta e relativa (%) de julgados com citações das leis federais 8.666 e 4.320, em que a LRF foi mencionada.

TABELA 9
Frequência absoluta e relativa (%) de julgados com citações das Leis
federais nº 8.666/93 e nº 4.32/64, do TCMSP em que a LRF foi mencionada

Lei federal	Frequência absoluta	Frequência relativa (%)
Lf 8666	43	38
L 4320	19	17

Fonte: elaboração do autor.

3.5 Análise dos resultados

A LRF trata do papel dos Tribunais de Contas na Seção VI, da Fiscalização da Gestão Fiscal:

Art. 59. O Poder Legislativo, diretamente ou com o auxílio dos Tribunais de Contas, e o sistema de controle interno de cada Poder e do Ministério Público, fiscalizarão o cumprimento das normas desta Lei Complementar, com ênfase no que se refere a: (*Vide* ADIN 2324)

I - atingimento das metas estabelecidas na lei de diretrizes orçamentárias;

II - limites e condições para realização de operações de crédito e inscrição em Restos a Pagar;

III - medidas adotadas para o retorno da despesa total com pessoal ao respectivo limite, nos termos dos arts. 22 e 23;

IV - providências tomadas, conforme o disposto no art. 31, para recondução dos montantes das dívidas consolidada e mobiliária aos respectivos limites;

V - destinação de recursos obtidos com a alienação de ativos, tendo em vista as restrições constitucionais e as desta Lei Complementar;

VI - cumprimento do limite de gastos totais dos legislativos municipais, quando houver.

§1º Os Tribunais de Contas alertarão os Poderes ou órgãos referidos no art. 20 quando constatarem:

I - a possibilidade de ocorrência das situações previstas no inciso II do art. 4º e no art. 9º;

II - que o montante da despesa total com pessoal ultrapassou 90% (noventa por cento) do limite;

III - que os montantes das dívidas consolidada e mobiliária, das operações de crédito e da concessão de garantia se encontram acima de 90% (noventa por cento) dos respectivos limites;

IV - que os gastos com inativos e pensionistas se encontram acima do limite definido em lei;

V - fatos que comprometam os custos ou os resultados dos programas ou indícios de irregularidades na gestão orçamentária.

§2º Compete ainda aos Tribunais de Contas verificar os cálculos dos limites da despesa total com pessoal de cada Poder e órgão referido no art. 20.

§3º O Tribunal de Contas da União acompanhará o cumprimento do disposto nos §§2º, 3º e 4º do art. 39. (BRASIL, 2000)

Na Tabela 2 é possível observar que, dos sete artigos citados no artigo 59 da LRF, nenhum artigo tem um percentual importante de observações (artigo 4º, 4,5%; artigo 9º, 2,7%; artigo 59, 0,9%; artigos 20, 22, 23, 31 e 39, 0%). O próprio artigo 59 tem apenas uma observação (0,9%). Isto pode indicar que os jurisdicionados do TCMSP estiveram atentos para os artigos da LRF que mencionam explicitamente ser passíveis de fiscalização pelos Tribunais de Contas.

O *Manual de Fiscalização* do TCMSP tem um item específico com relação à LRF:

6.10. Acompanhamento da LRF

Efetuar os acompanhamentos da Lei de Responsabilidade Fiscal veri-ficando:

– se a arrecadação até o fim de cada bimestre alcançou a previsão constante das metas bimestrais (art.13 da LRF), procedendo ao alerta (art. 59, I, da LRF), em caso negativo;

[...]

– se as despesas com pessoal encontram-se dentro do limite previsto (artigos 18 a 20 da LRF);

– se as publicações exigidas (artigos 52 a 55 da LRF) foram efetuadas no prazo e na forma exigida pela Secretaria do Tesouro Nacional e se houve divulgação em meio eletrônico. (SÃO PAULO, 2016, p. 63)

Na Tabela 2 é possível observar que, dos nove artigos citados no *Manual de Fiscalização do TCMSP*, apenas o *artigo 18* tem um percentual importante de observações (22,3%). Os outros oito artigos tem um baixo percentual de observações (artigo 55, 3,6%; artigo 54, 2,7%; artigos 52 e 53, 1,8%; artigo 59, 0,9%; artigos 13, 19 e 20, 0%). O *artigo 18* não está entre aqueles que a LRF, no seu artigo 59, menciona explicitamente como passíveis de fiscalização pelos Tribunais de Contas, o que pode ser causa do seu alto percentual de observações.

A LRF tem 75 artigos, mas apenas 26 foram encontrados na busca, conforme pode ser observado na Tabela 2. Dos 26 artigos citados, apenas dois (16 e 18) são responsáveis por quase metade (42,8%) das citações. Se forem considerados os outros cinco artigos mais citados (4º, 42, 50, 55 e 72) chega-se a mais de dois terços (67,1%) das citações.

O *artigo 18*, Capítulo IV – Da Despesa Pública, Seção II – Das Despesas com Pessoal, Subseção I – Definições e Limites, é citado em 22,3% dos julgados. Dos 25 julgados que citam o artigo 18, 16 (64%) se referem ao tipo de processo *análise* de licitação ou contrato. Outros cinco (20%) se referem ao tipo de processo *balanço*. Portanto, dois tipos de processo concentram 84% das ocorrências. Ainda, dos 25 julgados, 11 (44%) se referem à Secretaria Municipal de Educação (SME) como órgão investigado, e cinco (20%) à Prefeitura Municipal de São Paulo (PMSP). Dois órgãos concentram, portanto, 64% dos julgados. É importante observar que os cinco julgados referentes ao tipo de processo balanço são os mesmos cujo órgão investigado é a PMSP.

O *artigo 16*, Capítulo IV – Da Despesa Pública, Seção I – Da Geração de Despesa, apesar de não citado no *Manual de Fiscalização do TCMSP*, é responsável por ter irregularidades investigadas em 20,5% dos julgados: Dos 23 julgados que citam o artigo 16, 10 (43,5%) se referem ao tipo de processo *análise* de licitação ou contrato. Outros sete (30,4%) se referem ao tipo de processo *acompanhamento* de licitação ou contrato. Pode ser observado, portanto, que apenas dois tipos de processo concentram 73,9% dos julgados que citam o artigo 16.

Usando uma abordagem indutiva, isto é, caminhando do polo empírico para o polo teórico, por meio de pesquisa bibliográfica, foram encontrados dois trabalhos (GARCIA, 2007; OLIVEIRA, 2010) que discutem exclusivamente o artigo 16 da LRF e um trabalho (DI PIETRO, 2015) o artigo 18, o que reforça o indício que se trata de dois artigos polêmicos e que devem ser estudados com maior profundidade.

Na Tabela 3 pode ser observado que apenas três tipos de processo (análise, balanço e acompanhamento) são responsáveis por 73,1% dos julgados do TCMSP que citam a LRF. Nas Tabelas 3 e 4 podem ser comparadas as percentagens por tipo de processo entre os julgados da LRF e a população total de julgados. Enquanto para as *análises* (34,8% e 36,4%) e *acompanhamentos* (14,2% e 15,5%) os valores são muito próximos (diferença inferior a 2%), para os *balanços* a percentagem quase oito vezes maior nos julgados que citam a LRF (24,1% e 3,1%).

Na Tabela 5 pode ser observado que apenas cinco tipos de órgão (CMSP, PMSP, SME, SSO e SMC) são responsáveis por 55,4% dos julgados que citam a LRF. Das Tabelas 5 e 6 podem ser comparadas as percentagens por órgão entre os julgados que citam a LRF e a população total de julgados. Enquanto para a SME (12,5% e 11,4%) os valores são muito próximos (diferença inferior a 2%), para os outros órgãos (CMSP, PMSP, SSO e SMC) a percentagem é muito maior nos julgados que citam a LRF. Por isto enquanto os cinco órgãos mais frequentes na LRF representam um percentual 55,4%, na população total de julgados este percentual cai para 19,4%.

Os resultados apresentados na Tabela 2 mostram como a LRF tem sido aplicada no TCMSP, que é o objetivo deste trabalho. Informações deste tipo, se pesquisadas em todos os Tribunais de Contas, são de vital importância no processo legislativo, ao se proceder à revisão da LRF.

As Tabelas 2 a 6 mostram resultados que tem informações vitais para a construção de matrizes de risco no planejamento de auditorias, o que melhora a eficiência e eficácia dos Tribunais de Contas. De fato, ao saber os artigos mais citados, os tipos de processo mais presentes e os órgãos mais investigados, quando se analisam julgados que citam a LRF, os Tribunais de Contas podem direcionar os recursos escassos de auditoria para zonas de maior risco.

Os resultados apresentados nas Tabelas 2 a 9 e na Figura 4 podem ser utilizados em estudos qualitativos posteriores, nos quais a teoria do Direito talvez possa explicar estes resultados. Também, estudos quantitativos (jurimétricos) posteriores poderão investigar, por meio de Inferência Estatística (testes de hipóteses), relações de dependência entre as diversas categorias analíticas presentes nas tabelas (artigo da LRF citado, tipo de processo, órgão investigado, ano do processo, regularidade, votação e menção a outras leis federais).

3.6 Considerações finais

O objetivo deste trabalho foi atingido, uma vez que os resultados mostraram como a LRF tem sido aplicada no TCMSP, o que respondeu à pergunta de partida. Os resultados apresentados são relevantes tanto para o aperfeiçoamento do processo legislativo como para a construção de matrizes de risco no planejamento de auditorias dos Tribunais de Contas, contribuindo para melhorar sua eficiência e eficácia, o que prova que a hipótese inicial é verdadeira.

Este é um estudo exploratório. Sua limitação é ser apenas quantitativo. Ele responde a perguntas do tipo Como? Por isto ele pode ser um ponto de partida para trabalhos qualitativos posteriores. Eles responderão a perguntas do tipo Por que? Por que os artigos 16 e 18 são muito mais citados do que os outros nos julgados do TCMSP que mencionam a LRF? Por que apenas dois tipos de processo (análise e balanço) e dois órgãos investigados (SME e PMSP) concentram a maioria dos julgados em que o artigo 18 é citado? Por que apenas dois tipos de processo (análise e acompanhamento) concentram a maioria dos julgados em que o artigo 16 é citado? Por que a proporção de balanços e de quatro órgãos investigados (CMSP, PMSP, SSO e SMC) é muito maior nos julgados que citam a LRF do que na população geral de julgados? Por que o número de julgados do TCMSP que citam a LRF tem crescido ao longo do tempo?

Uma discussão qualitativa, ligando os resultados empíricos deste trabalho com a Teoria do Direito poderá colocar luz sobre estas questões. O papel da pesquisa quantitativa Estatística em Direito, ou Jurimetria, é descrever como tem sido sua aplicação, para indicar pontos relevantes para a Teoria fornecer explicações.

Referências

ASSOCIAÇÃO BRASILEIRA DE JURIMETRIA. *O que é Jurimetria*. Disponível em: https://abj.org.br/o-que-e-Jurimetria/. Acesso em: 10 maio 2010.

BRASIL. *Lei Complementar nº 101*. Estabelece normas de finanças públicas voltadas para a responsabilidade na gestão fiscal e dá outras providências. Brasília, 4 maio 2000.

CORREA, S. M. B. B. *Probabilidade e Estatística*. 2. ed. Belo Horizonte: PUC Minas Virtual, 2003.

DI PIETRO, M. S. Z. Terceirização municipal em face da Lei de Responsabilidade Fiscal. *Fórum de Contratação e Gestão Pública – FCGP*. Belo Horizonte, ano 14, n. 161, p. 36-44, maio 2015.

GARCIA, F. A. O Art. 16 da Lei de Responsabilidade Fiscal e o seu Impacto na Fase Interna das Contratações Administrativas *Revista de Direito Administrativo*. Fundação Getulio Vargas. Rio de Janeiro, v. 244, p. 125-136, 2007.

JOURNAL OF EMPIRICAL LEGAL STUDIES. Disponível em: https://onlinelibrary.wiley.com/page/journal/17401461/homepage/productinformation.html. Acesso em: 10 maio 2010.

LOEVINGER, L. Jurimetrics: The Next Step Forward. *Minnesota Law Review*, v. 33, p. 455-493, abr. 1949.

LOEVINGER, L. Jurimetrics: The Methodology of Legal Inquiry. *Law and Contemporary Problems*. p. 5-35, 1963. Disponível em: https://scholarship.law.duke.edu/lcp/vol28/iss1/2. Acesso em: 07 jan. 2020.

LOEVINGER, L. Jurimetrics: Science and Prediction in the Field of Law. *Minnesota Law Review*, p. 255-275, 1961.

LUVIZOTTO, C. L.; GARCIA, G. P. A Jurimetria e sua aplicação nos tribunais de contas: análise de estudo sobre o Tribunal de Contas da União (TCU). *Revista Controle*. Fortaleza, v. 18, n. 1, p. 46-73, jan./jun. 2020.

NUNES, M. G. *Jurimetria*: como a Estatística pode reinventar o Direito. São Paulo: Revista dos Tribunais, 2016.

NUNES, M. G.; RAMOS, A. L. C. Estratégias para um ordenamento jurídico mais inteligível, barato e eficaz. *JOTA*, 04 dez. 2018. Disponível em: https://www.jota. info/especiais/estrategias-para-um-ordenamento-juridico-mais-inteligivel-barato-e-eficaz-04122018. Acesso em: 21 ago. 2019.

OLIVEIRA, A. S. Lei de Responsabilidade Fiscal: art. 16. Subsídios para Interpretação. *Revista Controle*. Fortaleza, v. 8, n. 1, p. 109-118, set. 2010.

OLIVEIRA, L. Não fale do Código de Hamurabi! A pesquisa sócio-jurídica na pós-graduação em Direito. *In:* OLIVEIRA, L. *Sua Excelência o Comissário e outros ensaios de Sociologia jurídica*. Rio de Janeiro: Letra Legal, 2004, p. 1-26.

REVISTA DE ESTUDOS EMPÍRICOS DO DIREITO. Disponível em: https://reedrevista. org/reed/about. Acesso em: 10 maio 2010.

SÃO PAULO. Tribunal de Contas do Município de São Paulo. *Manual de Fiscalização*. São Paulo, versão 3, 20 jun. 2016.

SÃO PAULO. *Tribunal de Contas do Município de São Paulo*. Disponível em: https://portal. tcm.sp.gov.br/Acordao/Index. Acesso em: 15 abr. 2020.

CAPÍTULO 4

TRIBUNAIS DE CONTAS E JURIMETRIA: UM MODELO DE ANÁLISE PARA AS DENÚNCIAS APRESENTADAS AO TRIBUNAL DE CONTAS DA UNIÃO[2]

4.1 Introdução

Segundo Mileski (2005), no moderno estado democrático de direito, o controle social passou a ter um papel fundamental, na medida em que amplia o repertório de controles sobre a Administração Pública. O controle social está intimamente ligado à participação popular e à transparência. O controle social diminui a distância entre sociedade e Estado. A transparência permite a efetividade da participação popular e induz os administradores a ter um comportamento mais responsável em relação às políticas públicas e fiscais. O Quadro 1 mostra as diferentes formas de controle da Administração Pública.

QUADRO 1
Formas de controle da administração pública

TIPO	PODER EXECUTOR	TEMPESTIVIDADE	ASPECTOS	EXERCÍCIO
Interno Externo	Executivo Legislativo Judiciário	Prévio Concomitante *A Posteriori*	Legalidade Mérito	Administração Tribunal de Contas Judiciário Ministério Público

Fonte: elaboração do autor, adaptado de Mileski (2005).

---

[2] Publicado na *Revista do Tribunal de Contas do Estado do Rio de Janeiro*, v. 1, n. 2, jul./dez. 2020.

Não obstante, o controle social não tem sido amplamente praticado, possivelmente pela falta de uma organização adequada. A organização social é fruto de um aumento da participação popular, necessária para o fortalecimento da democracia participativa. Isso é necessário para o cidadão passar de uma atitude passiva para uma atitude ativa, aumentando assim a efetividade do controle social. Brito (1992) distingue controle social de participação popular. Para o autor, o controle social é uma forma de exercício dos direitos de liberdade e cidadania e uma expressão de direito público subjetivo, e não uma expressão de poder político. A participação popular seria uma expressão de poder político. A Constituição de 1988 tem uma série de dispositivos que preveem o controle social e deu origem a uma legislação que o normatiza. O Quadro 2 apresenta o controle social dentro da Lei de Licitações e Contratos Administrativos:

QUADRO 2

Controle social dentro da Lei de Licitações e Contratos Administrativos

ARTIGO	CONTROLE SOCIAL
7º, §8º	Qualquer cidadão poderá requerer à Administração Pública os quantitativos das obras e preços unitários de determinada obra executada.
15, §6º	Qualquer cidadão é parte legítima para impugnar preço constante do quadro geral em razão de incompatibilidade deste com o preço vigente no mercado.
41, §1º	Qualquer cidadão é parte legítima para impugnar edital de licitação por irregularidade na aplicação desta Lei...
63	É permitido a qualquer licitante o conhecimento dos termos do contrato e do respectivo processo licitatório e, a qualquer interessado, a obtenção de cópia autenticada [...].
113, §1º	Qualquer licitante, contratado ou pessoa física ou jurídica poderá representar ao Tribunal de Contas ou aos órgãos integrantes do sistema de controle interno contra irregularidades na aplicação desta Lei [...].

Fonte: Brasil, 1993.

Este é um trabalho quantitativo, que utiliza a Jurimetria – a Estatística aplicada ao Direito. Por meio da Estatística Descritiva, ou Análise Exploratória de Dados, pretende-se mostrar as distribuições das diversas variáveis dos processos (ano de abertura do processo, ano do julgado, duração do processo, relator e atuação do Ministério Público). Almeja-se, ainda, por meio da Regressão Logística, construir um modelo explicativo, em que as relações de causa e efeito entre as variáveis do processo e a decisão são estudadas. Luvizotto e Garcia (2020a, 2020b) apresentam uma série de aplicações da Jurimetria no Brasil. Oliveira (2016) e Oliveira-Castro, Oliveira e Aguiar (2018) realizaram um estudo jurimétrico sobre a tomada de contas especial pelo TCU, enquanto Garcia (2020) utilizou a Jurimetria para estudar a aplicação da Lei de Responsabilidade Fiscal pelo Tribunal de Contas do Município de São Paulo (TCMSP).

4.2 Referencial teórico

A Constituição Federal de 1988 (CF/88) contempla o controle social a ser exercido pelos Tribunais de Contas no parágrafo segundo do artigo 74: "Qualquer cidadão, partido político, associação ou sindicato é parte legítima para, na forma da lei, denunciar irregularidades ou ilegalidades perante o Tribunal de Contas da União" (BRASIL, 1988). O controle social pode ser exercido por meio dos Tribunais de Contas por meio de denúncias e representações. O Regimento Interno do Tribunal de Contas da União (TCU) trata das denúncias no seu artigo 234, no qual reproduz o texto do artigo 74 da CF.

Os Tribunais de Contas podem fomentar o controle social, por exemplo, por meio de auditorias sobre a transparência da Administração Pública ou por meio das ouvidorias, para onde denúncias da sociedade podem ser encaminhadas, e serem autuadas, permitindo-se inclusive o anonimato. Pítsica (2011) analisa as relações entre o controle externo exercido pelos Tribunais de Contas e o controle social, contextualizando constitucionalmente as duas formas de controle, e concluindo pela necessidade de atuação conjunta, para a qual seria necessário o resgate da cidadania ativa.

Carvalho (2003) fez um estudo sobre as denúncias apresentadas ao Tribunal de Contas dos Municípios da Bahia (TCMBA). Foram analisadas 10 denúncias contra cinco municípios do interior da Bahia, entre os anos de 1996 e 2000. 40% das denúncias não foram conhecidas, 20% foram julgadas improcedentes e 40% foram julgadas procedentes. As denúncias autuadas nos Tribunais de Contas não são conhecidas quando os requisitos de admissibilidade não são cumpridos. O Regimento Interno do Tribunal de Contas da União (TCU) trata dos requisitos de admissibilidade das denúncias no seu artigo 235:

> Art. 235. A denúncia sobre matéria de competência do Tribunal deverá referir-se a administrador ou responsável sujeito à sua jurisdição, ser redigida em linguagem clara e objetiva, conter o nome legível do denunciante, sua qualificação e endereço, e estar acompanhada de indício concernente à irregularidade ou ilegalidade denunciada.

Parágrafo único. O relator ou o Tribunal não conhecerá de denúncia que não observe os requisitos e formalidades prescritos no caput, devendo o respectivo processo ser arquivado após comunicação ao denunciante. (BRASIL, 2011, p. 50)

Azevedo (2015) fez uma pesquisa quantitativa analisando a evolução das denúncias autuadas e julgadas pelo Tribunal de Contas do Estado de Minas Gerais (TCEMG) entre 2009 e 2014. A Tabela 1 mostra os processos e denúncias autuadas no período.

TABELA 1
Processos e denúncias autuados no TCEMG entre 2009 e 2014

ANO	PROCESSOS AUTUADOS	DENÚNCIAS AUTUADAS	DENÚNCIAS / PROCESSOS
2009	41.597	275	0,66%
2010	26.670	252	0,94%
2011	24.025	368	1,53%
2012	23.327	464	1,99%
2013	25.441	410	1,61%
2014	32.719	522	1,60%

Fonte: Azevedo (2015, p. 79).

Na Tabela 1 pode-se observar que o número de denúncias autuadas tem um crescimento mais acentuado que o número de processos, tendo como consequência um aumento da proporção das denúncias em relação ao total de processos autuados. A Tabela 2 apresenta os processos e denúncias julgados no período estudado.

TABELA 2
Processos e denúncias julgados no TCEMG entre 2009 e 2014

ANO	PROCESSOS DELIBERADOS	DENÚNCIAS DELIBERADAS	DENÚNCIAS / PROCESSOS
2009	8.862	232	2,62%
2010	12.431	256	2,06%
2011	11.000	240	2,18%
2012	24.523	528	2,15%
2013	41.697	625	1,50%
2014	42.388	597	1,41%

Fonte: Azevedo (2015, p. 82).

Na Tabela 2 observa-se uma tendência contrária. O crescimento do número total de processos deliberados é mais acentuado que o de denúncias, o que leva a uma redução da proporção de julgados de denúncias em relação ao total de processos. Os autores concluem afirmando que o grande crescimento das denúncias autuadas e deliberadas é uma evidência do aumento significativo no período do controle social por meio do TCEMG.

Serra e Carneiro (2012) pesquisaram o controle social junto aos controles internos e externos na União e nos estados. Os autores pesquisaram o controle social na legislação orgânica e regimental do TCU e dos Tribunais de Contas dos Estados. Mostram que todos os tribunais tinham previsão de recebimento de denúncias em suas leis orgânicas e regimentos internos, mas nem todos possuíam ouvidorias. Argumentam que, apesar de denúncias por meio da ouvidoria terem menos requisitos de admissibilidade, não necessitando ser autuadas e permitindo o anonimato, sua apuração era menos célere que as denúncias apresentadas no formato tradicional, que têm mais requisitos de admissibilidade.

Magalhães Filho (2010) analisa o tratamento das denúncias apresentadas ao Tribunal de Contas. Explica que o Supremo Tribunal Federal (STF) vedou o anonimato nas denúncias autuadas, mas permitiu, em outra decisão, que os Tribunais de Contas instaurassem processos *ex ofício* a partir de denúncias anônimas, por exemplo, feitas por meio das ouvidorias, em nome da supremacia do interesse público.

O Quadro 3 apresenta o Modelo de Análise construído a partir da revisão de literatura e que será usado para discutir os resultados.

QUADRO 3
Modelo de Análise

CONCEITO	DIMENSÃO	INDICADOR
Denúncias aos Tribunais de Contas	Representatividade	Denúncias autuadas/ processos autuados
		Denúncias julgadas/ processos julgados
	Conhecimento	Denúncias conhecidas/ Denúncias julgadas
	Procedência	Denúncias procedentes/ Denúncias conhecidas
		Denúncias parcialmente procedentes/ denúncias conhecidas
		Denúncias improcedentes/ denúncias conhecidas

Fonte: elaboração do autor.

4.3 Métodos e técnicas

Este é um estudo quantitativo que utiliza técnica de pesquisa documental, valendo-se da Jurimetria, que é a Estatística aplicada ao Direito. Foram pesquisados, na seção de jurisprudência do sítio eletrônico do TCU, acórdãos de processos do tipo denúncia, até a sessão de 26 de agosto de 2020, conforme Figura 1.

FIGURA 1
Pesquisa de jurisprudência do TCU

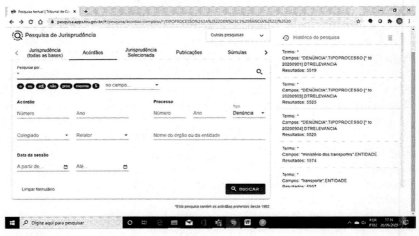

Fonte: Brasil, 2020.

A pesquisa resultou em 1.856 acórdãos, conforme a Figura 2.

FIGURA 2
Resultado da busca de acórdãos sobre processos do tipo denúncia no TCU

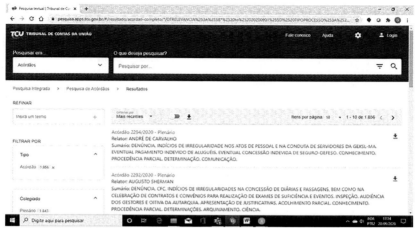

Fonte: Brasil, 2020.

4.4 Análise dos resultados

4.4.1 Representatividade

A Tabela 3 mostra as quantidades de denúncias e processos autuados entre os anos de 1990 e 2020, e o primeiro indicador de representatividade, o percentual de denúncias autuadas em relação ao total de processos autuados.

TABELA 3
Denúncias e processos autuados no TCU

(continua)

Ano do processo	Denúncias autuadas	Processos autuados	Denúncias/processos (%)
1990	4	614	0,65
1991	4	847	0,47
1992	18	1587	1,13
1993	10	1837	0,54
1994	19	1996	0,95
1995	10	3207	0,31
1996	37	2608	1,42

(conclusão)

Ano do processo	Denúncias autuadas	Processos autuados	Denúncias/ processos (%)
1997	32	3101	1,03
1998	25	1741	1,44
1999	33	5125	0,64
2000	44	1910	2,30
2001	76	2377	3,20
2002	71	3250	2,18
2003	105	5329	1,97
2004	72	4615	1,56
2005	94	5629	1,67
2006	101	4933	2,05
2007	105	5023	2,09
2008	112	4446	2,52
2009	87	5447	1,60
2010	113	5286	2,14
2011	78	4792	1,63
2012	64	5156	1,24
2013	55	5032	1,09
2014	55	5045	1,09
2015	58	4722	1,23
2016	49	3464	1,41
2017	39	2756	1,42
2018	40	2058	1,94
2019	33	2418	1,36
2020	11	1134	0,97
TOTAL	1856	107485	1,73

Fonte: elaboração do autor.

O Gráfico 1 mostra as denúncias autuadas por ano de abertura do processo.

GRÁFICO 1
Denúncias autuadas

Fonte: elaboração do autor.

Na Tabela 3 e no Gráfico 1 podemos observar que existe um forte crescimento na quantidade de denúncias até o ano de 2003, quando o número de denúncias fica num patamar de 100 denúncias por ano, até atingir o máximo de 113 em 2010. Depois a quantidade de denúncias por ano passa a declinar até atingir 33 denúncias em 2019.

O Gráfico 2 apresenta os processos e denúncias autuados por ano de abertura do processo.

GRÁFICO 2
Processos e denúncias autuados

Fonte: elaboração do autor.

Na Tabela 3 e no Gráfico 2 pode ser observado que o número de processos autuados também cresce. Inicialmente há um crescimento até atingir o máximo de 5.629 no ano de 2005, ficando num patamar de 5.000 processos autuados por ano até o ano de 2015, quando passa a declinar. No entanto, a princípio, de uma forma geral, o crescimento da quantidade de denúncias é a quantidade de processos, o que leva, conforme pode ser observado no Gráfico 3, a um aumento do percentual até o ano de 2001, quando atinge o máximo de 3,20%, e depois fica num patamar em torno de 2% até 2010, quando o percentual começa a declinar. O percentual geral para todo o período observado foi de 1,73%.

GRÁFICO 3
Percentual de denúncia autuadas em relação aos processos autuados

Fonte: elaboração do autor.

A Tabela 4 compara os resultados deste estudo com os resultados do trabalho de Azevedo (2015), o indicador de representatividade percentual de denúncia autuadas sobre processos autuados no TCU e no TCEMG entre os anos de 2009 e 2014. Observa-se que, para o primeiro ano do período (2009), o percentual do TCU é mais que três vezes superior ao TCEMG. No entanto, o percentual do TCU declina e o do TCEMG cresce, resultando num percentual quase igual ao final do período.

TABELA 4
Percentual de denúncias autuadas sobre processos autuados no TCU e no TCEMG

ANO	TCU	TCEMG
2009	2,13	0,66%
2010	2,26	0,94%
2011	1,97	1,53%
2012	1,28	1,99%
2013	1,97	1,61%
2014	1,58	1,60%

Fonte: elaboração do autor, conforme Azevedo (2015, p. 79).

A Tabela 5 mostra as denúncias e processos julgados por ano de 1993 a 2020, e o segundo indicador de representatividade, o percentual de denúncias em relação ao total de processos julgados.

TABELA 5
Denúncias e processos julgados no TCU

(continua)

Ano	Denúncias julgadas	Processos julgados	Denúncias/ processos (%)
1993	2	755	0,26
1994	5	1649	0,30
1995	7	907	0,77
1996	12	1498	0,80
1997	10	1629	0,61
1998	11	1199	0,92
1999	16	1286	1,24
2000	22	1680	1,31
2001	17	1780	0,96
2002	32	1953	1,64
2003	130	4412	2,95
2004	149	5084	2,93
2005	147	5135	2,86
2006	103	5383	1,91
2007	127	5145	2,47
2008	116	5244	2,21

(conclusão)

Ano	Denúncias julgadas	Processos julgados	Denúncias/processos (%)
2009	112	5255	2,13
2010	131	5784	2,26
2011	110	5587	1,97
2012	70	5448	1,28
2013	96	4870	1,97
2014	81	5119	1,58
2015	61	4621	1,32
2016	48	5375	0,89
2017	55	4785	1,15
2018	47	4758	0,99
2019	76	4620	1,65
2020	63	5280	1,19
TOTAL	1856	106241	1,75

Fonte: elaboração do autor.

Na Tabela 5 e no Gráfico 4, observa-se que a quantidade de denúncias julgadas também cresce inicialmente atingindo um pico de 149 denúncias no ano de 2004, e a partir daí permanece num patamar acima de 100 denúncias até o ano de 2011, quando passa a declinar.

GRÁFICO 4
Denúncias julgadas

Fonte: elaboração do autor.

No Tabela 5 e no Gráfico 5 pode ser observado que o número de processos julgados cresce rapidamente até o ano de 2004, quando atinge o patamar de 5.000 processos por ano, e fica neste patamar até o ano de 2019.

GRÁFICO 5
Processos julgados

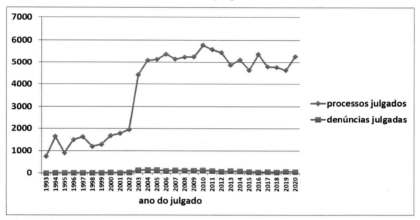

Fonte: elaboração do autor.

Como consequência da estabilidade do número de processos julgados e do declínio na quantidade de denúncias, o percentual de denúncias em relação aos processos julgados diminui, como pode ser observado no Gráfico 6, depois de atingir um pico de 2,95% em 2003. O percentual geral para todo o período é de 1,75%.

GRÁFICO 6
Percentual de denúncias sobre processos julgados

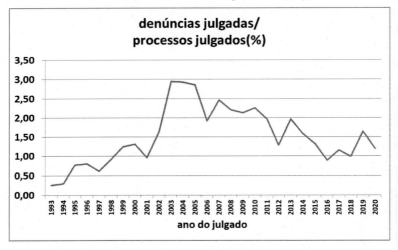

Fonte: elaboração do autor.

A Tabela 6 apresenta outra comparação dos resultados deste estudo com os resultados de Azevedo (2015), o indicador de representatividade percentual de denúncia sobre processos julgados no TCU e no TCEMG entre os anos de 2009 e 2014. Observa-se que, para o primeiro ano do período (2009), o percentual do TCU é mais que três vezes superior ao TCEMG. No entanto, o percentual do TCU declina e o do TCEMG cresce, resultando num percentual quase igual ao final do período.

TABELA 6
Percentual de denúncias julgadas sobre processos julgados no TCU e no TCEMG

ANO	TCU	TCEMG
2009	2,13	2,62%
2010	2,26	2,06%
2011	1,97	2,18%
2012	1,28	2,15%
2013	1,97	1,50%
2014	1,58	1,41%

Fonte: elaboração do autor, conforme Azevedo (2015, p. 82).

Aqui se observa uma situação diferente em relação ao indicador para denúncias e processos autuados. Em três anos o percentual do TCU é superior, enquanto nos outros três anos o percentual do TCEMG é maior, tendendo ao equilíbrio, com valores bem mais próximos.

4.4.2 Conhecimento e procedência

A Tabela 7 mostra o indicador de conhecimento para denúncias apresentadas aos Tribunais de Contas, aplicado ao TCU.

TABELA 7
Conhecimento

DENÚNCIAS AUTUADAS	DENÚNCIAS CONHECIDAS	DENÚNCIAS CONHECIDAS/ DENÚNCIAS AUTUADAS (%)
1856	1790	96,44

Fonte: elaboração do autor.

A Tabela 8 apresenta o indicador de procedência para as denúncias apresentadas aos Tribunais de Contas aplicado ao TCU.

TABELA 8
Procedência

DENÚNCIAS JULGADAS QUANTO À PROCEDÊNCIA	QUANTIDADE	JULGADOS/TOTAL (%)
PROCEDÊNCIA	152	25,72
PROCEDÊNCIA PARCIAL	291	49,24
IMPROCEDÊNCIA	148	25,04
TOTAL	591	100,00

Fonte: elaboração do autor.

A Tabela 9 mostra a comparação dos indicadores de conhecimento e procedência entre este estudo e o trabalho de Carvalho (2003). No indicador de conhecimento os resultados são bastante diferentes, enquanto os indicadores de procedência estão mais próximos.

TABELA 9
Conhecimento e procedência no TCU e no TCMBA

INDICADOR	QUANTIDADE	JULGADOS/TOTAL (%)
Denúncias conhecidas/ Denúncias julgadas	60%	96%
Denúncias procedentes/ Denúncias conhecidas	67%	75%
Denúncias improcedentes/ denúncias conhecidas	33%	25%

Fonte: elaboração do autor.

4.5 Considerações finais

A revisão da literatura feita para construir o referencial teórico resultou num modelo de análise, em que o conceito de denúncia foi dividido nas dimensões representatividade, conhecimento e procedência com seus respectivos indicadores. A coleta, tratamento e análise de dados foram feitas em função do modelo de análise construído. As denúncias apresentadas ao TCU foram descritas e o objetivo do trabalho foi, portanto, cumprido. A limitação do trabalho decorre de ele ser quantitativo, resultando numa descrição por meio de indicadores do fenômeno estudado. A pesquisa respondeu a perguntas do tipo *Como?*

A limitação aponta para sugestões de trabalhos futuros. Sugere-se que se façam estudos qualitativos. Esses estudos complementariam o trabalho respondendo a perguntas do tipo *Por que?*, por exemplo: Por que o número e o percentual de denúncias inicialmente crescem bastante rápido, atingem um pico e depois declinam?

A comparação entre os indicadores do TCU, TCEMG e TCMBA traz uma sugestão de novas investigações. Seria oportuno fazer estudos sobre os indicadores de denúncias nos outros Tribunais de Contas. Uma base maior de dados permitiria comparações de maior amplitude e conclusões mais consistentes em relação ao problema estudado.

Referências

AZEVEDO, P. H. M. Participação popular e controle externo: análise quantitativa das denúncias formuladas e apreciadas pelo Tribunal de Contas do Estado de Minas Gerais no período de 2009 a 2014. *Revista do Tribunal de Contas do Estado de Minas Gerais*. Belo Horizonte, v. 33, n. 3, p. 73-88, jul./set. 2015.

BRASIL. [Constituição (1988)]. *Constituição da República Federativa do Brasil de 1988*. Brasília, DF: Presidência da República, 1988. Disponível em: http://www.planalto.gov.br/ccivil_03/constituicao/constituicao.htm. Acesso em: 18 set. 2020.

BRASIL. *Lei nº 8.666, de 21 de junho de 1993*. Regulamenta o art. 37, inciso XXI, da Constituição Federal, institui normas para licitações e contratos da Administração Pública e dá outras providências. Brasília, DF: Presidência da República, Portal da Legislação, [1993]. Disponível em: http://www.planalto.gov.br/ccivil_03/leis/l8666cons.htm. Acesso em: 18 set. 2020.

BRASIL. Tribunal de Contas da União. *Resolução TCU nº 246, de 30 de novembro de 2011*. Altera o Regimento Interno do Tribunal de Contas da União, aprovado pela Resolução TCU nº 155, de 4 de dezembro de 2002. Brasília, DF: TCU, 2002. Disponível em: https://portal.tcu.gov.br/normativos/regimentos-internos/. Acesso: 17 set. 2020.

BRASIL. Tribunal de Contas da União. *Pesquisa de Jurisprudência*. Disponível em: https://pesquisa.apps.tcu.gov.br/#/pesquisa/acordao-completo. Acesso em: 04 set. 2020.

BRITO, C. A. Distinção entre "controle social do poder" e "participação popular". *Revista de Direito Administrativo*, Rio de Janeiro, v. 189, p. 114-22, jul./set. 1992.

CARVALHO, L. B. Os tribunais de contas e a construção de uma cultura da transparência: reflexões a partir de um estudo de caso. *Revista de Direito Administrativo*, Rio de Janeiro, v. 231, 193-216, jan./mar. 2003.

GARCIA, G. P. Vigência e desafios da Lei de Responsabilidade Fiscal, Jurimetria e Tribunais de Contas: um estudo quantitativo sobre o Tribunal de Contas do Município de São Paulo. *Cadernos da Escola Paulista de Contas Públicas do TCESP*, São Paulo, v. 1, n. 5, p. 49-64, 2020. Disponível em: https://www.tce.sp.gov.br/epcp/cadernos/index.php/CM/issue/view/8/Cadernos%205. Acesso em: 01 ago. 2020.

LUVIZOTTO, C. L.; GARCIA, G. P. A Jurimetria e os tribunais de contas. *In*: Congresso Internacional dos Tribunais de Contas, 1.; Congresso Internacional de Controle e Políticas Públicas, 5.; Congresso dos Tribunais de Contas do Brasil, 30., 11-14 nov. 2019. *Anais [...]*. Curitiba, PR: Instituto Rui Barbosa, 2020a. p. 366-380. Disponível em: https://irbcontas.org.br/wp-content/uploads/2020/08/Anais_CITC-final.pdf. Acesso em: 06 ago. 2020.

LUVIZOTTO, C. L.; GARCIA, G. P. A Jurimetria e sua aplicação nos tribunais de contas: análise de estudo sobre o Tribunal de Contas da União (TCU). *Revista Controle*, Fortaleza, v. 18, n. 1, p. 46-73, jan./jun. 2020b. Disponível em: https://revistacontrole.tce.ce.gov.br/index.php/RCDA/article/view/585. Acesso em: 01 ago. 2020.

MAGALHÃES FILHO, I. O controle social e as denúncias nos Tribunais de Contas. *Revista do Tribunal de Contas do Distrito Federal*, Brasília, v. 36, p. 9-18, 2010.

MILESKI, H. S. *Controle Social*: um aliado do controle oficial. Palestra proferida no Seminário Transparência e Controle Social, promovido pelo Instituto de Estudos Socioeconômicos. Brasília, DF: Câmara dos Deputados, 2005.

OLIVEIRA, A. *Comportamento de gestores de recursos públicos*: identificação de contingências previstas e vigentes relativas à prestação de contas. 2016. Tese (Doutorado em Ciências do Comportamento) – Instituto de Psicologia, Universidade de Brasília, 2016.

OLIVEIRA-CASTRO, J. M.; OLIVEIRA, A.; AGUIAR, J. C. Análise comportamental do direito: aplicação de sanções pelo Tribunal de Contas da União a gestores com contas irregulares. *Revista de Estudos Empíricos em Direito*, São Paulo, v. 5, n. 2, 2018. p. 146-161.

PÍTSICA, G. B. P. Breves Reflexões sobre Controle Externo e Controle Social. *Revista Controle*. Fortaleza, v. 9, n. 2, p. 253-273, jul./dez. 2011.

SERRA, R. C. C.; CARNEIRO, R. Controle social e suas interfaces com os controles interno e externo no Brasil contemporâneo. *Espacios Públicos*, Toluca, México, v. 15, n. 34, maio-ago. 2012, p. 43-64.

CAPÍTULO 5

SITUAÇÕES DE EMERGÊNCIA, CONTROLE SOCIAL, TRIBUNAIS DE CONTAS E JURIMETRIA: UM ESTUDO DAS DECISÕES SOBRE DENÚNCIAS E REPRESENTAÇÕES APRESENTADAS AO TRIBUNAL DE CONTAS DA UNIÃO[3]

5.1 Introdução

No ano de 2020 o mundo em geral e o Brasil em particular vivem uma das maiores crises da história. Em circunstâncias como esta, situações de emergência e estados de calamidade pública, a legislação permite procedimentos menos rigorosos que os períodos de normalidade, por exemplo, a dispensa de licitações. O objetivo é permitir que necessidades urgentes sejam atendidas, aquelas que não o seriam, tempestivamente, se as normas usuais fossem adotadas. O legislador pretendeu evitar que graves danos pessoais e materiais irreversíveis acontecessem. A lei também prevê que este estado é provisório, que dure o necessário e suficiente para permitir que se volte à normalidade. Nestas situações, devido ao afrouxamento dos requisitos legais, aumenta o risco de ocorrência de irregularidades por parte dos gestores públicos envolvidos. Por isto, nestes momentos, as instâncias de controle, que já têm um papel fundamental nas circunstâncias normais, tem aqui a relevância da sua atuação aumentada. Entre estas instâncias, destaca-se o Controle Externo, exercido pelos Tribunais de Contas, que tem

---

[3] Publicado na *Revista da CGU*, V. 12, N. 22, Jul.-Dez. 2020.

um papel fundamental nestes períodos, por meio de suas diversas formas de auditoria. Destaca-se ainda o Controle Social, que pode ser exercido das mais diversas formas, como por meio de pessoas físicas, pessoas jurídicas, organizações e conselhos participativos e sociais, por exemplo. Silva (2016) faz um histórico da evolução do conceito de Controle Social, associando-o aos modelos vigentes da Administração Pública. Uma forma de potencializar as ações de fiscalização é unir os Controles Externo e Social. Isto pode ser feito por meio das denúncias e representações, que podem ser apresentadas aos Tribunais de Contas pela sociedade. Uma vez atendidos os requisitos de admissibilidade, as denúncias ou representações são conhecidas e processos são abertos para investigar supostas irregularidades.

O objeto deste trabalho são as denúncias e representações apresentadas ao Tribunal de Contas da União (TCU) para denunciar supostas irregularidades, em situações de emergência ou estado de calamidade pública, no período de 1997 a 2020. Tem-se, portanto, um largo intervalo de tempo, no qual a aplicação da lei pode ser observada de uma forma mais ampla, o que é próprio de estudos jurimétricos. Este é um trabalho quantitativo, que utiliza a Jurimetria, a Estatística aplicada ao Direito. Por meio da Estatística Descritiva, ou Análise Exploratória de Dados, pretende-se mostrar as distribuições das diversas variáveis dos processos (ano de abertura do processo, ano do julgado, duração do processo, relator, atuação do Ministério Público e tipo de processo). Almeja-se ainda, por meio da Regressão Logística, construir um modelo explicativo, em que as relações entre as variáveis independentes do processo e a variável dependente de decisão são estudadas. Por fim, um modelo preditivo será construído, no qual se pretende prever as decisões em função das variáveis preditoras. Luvizotto e Garcia (2020a, 2020b) apresentam uma série de aplicações da Jurimetria no Brasil. Oliveira (2016) e Oliveira-Castro, Oliveira e Aguiar (2018) realizaram um estudo jurimétrico sobre a tomada de contas especial pelo TCU, enquanto Garcia (2020) utilizou a Jurimetria para estudar a aplicação da Lei de Responsabilidade Fiscal pelo Tribunal de Contas do Município de São Paulo (TCMSP).

5.2 Referencial teórico

O Decreto nº 7.527/2010, que trata do reconhecimento de situação de emergência e estado de calamidade pública, para o caso de desastres, define o conceito de situação de emergência: "situação anormal, provocada por desastres, causando danos e prejuízos que impliquem o comprometimento parcial da capacidade de resposta do poder público do ente atingido" (BRASIL, 2010). Define também o conceito de calamidade pública: "situação anormal, provocada por desastres, causando danos e prejuízos que impliquem o comprometimento substancial da capacidade de resposta do poder público do ente atingido" (BRASIL, 2010).

A Lei n° 8.666/93, Lei de Licitações e Contratos, no inciso IV do artigo 24, estabelece que as licitações podem ser dispensadas "nos casos de emergência ou de calamidade pública, quando caracterizada urgência de atendimento de situação que possa ocasionar prejuízo ou comprometer a segurança de pessoas, obras, serviços, equipamentos e outros bens [...]" (BRASIL, 1993).

Observa-se, portanto, que deve existir total correlação entre o objeto da licitação e correspondente contrato e o risco que se pretende eliminar, inclusive no tempo. O gestor público, ao recorrer à dispensa de licitação, deve ter um cuidado muito maior do que em situações normais. Deve ficar comprovado que a licitação, com seus prazos e formalidades, é solução inadequada para resolver os problemas decorrentes da emergência. Segundo Ely (2005) a regular utilização da contratação direta, implica na comprovação de que ela é necessária para a não ocorrência de prejuízos relevantes. A dispensa de licitação necessita atender uma série de requisitos para sua instrução, conforme parágrafo único do artigo 26 da Lei n° 8.666/93, tais como documentos que caracterizem a situação emergencial ou calamitosa, a motivação da escolha dos fornecedores e a justificação dos preços.

Segundo Dotti (2007) a situação de emergência pode ser consequência de desídia. A falta de planejamento, que leva a estas situações emergenciais, tem sido descoberta pelos órgãos de controle, tanto interno quanto externo. Segundo Medeiros e Kwitschal (2016) a permissão do uso do instituto da dispensa de licitação, independente da causa que a originou, não exime o administrador de responsabilização por eventual culpa ou dolo.

O que permite o uso da contratação direta (dispensa de licitação) é o preenchimento dos requisitos que caracterizem a situação emergencial, independente da culpa dos gestores. É importante observar que o interesse público, aqui representado pela contratação tempestiva, não pode ser sacrificado. O responsável poderá ser penalizado posteriormente se ficar comprovada a negligência, com a aplicação das sanções correspondentes. Conforme Capua, Barbosa e Carneiro (2020,) apesar de utilizada em situações em que a emergência está caracterizada, a dispensa de licitação tem sido desviada para o cometimento de atos de improbidade administrativa. Os autores destacam a importância dos Tribunais de Contas no controle destas condutas.

A Lei nº 8.666/93, no seu artigo 89, prevê a penalização para o uso irregular da dispensa de licitação: "Dispensar ou inexigir licitação fora das hipóteses previstas em lei, ou deixar de observar as formalidades pertinentes à dispensa ou à inexigibilidade: Pena – detenção, de 3 (três) a 5 (cinco) anos, e multa" (BRASIL, 1993). O administrador poderá ser apenado, como consequência, tanto se utilizar inadequadamente do instituto da dispensa de licitação, quanto se não cumprir as formalidades que a legislação estabelece. É importante notar que não somente o gestor, mas também o fornecedor ou prestador de serviços que se comprove contribuir e beneficiar-se com a contratação direta indevida pode ser responsabilizado.

Carvalho e Carvalho (2014) fizeram uma pesquisa documental no sítio eletrônico do TCU. Foram pesquisados julgados sobre dispensa de licitação motivada pelo inciso IV do artigo 24 da Lei nº 8.666/93, dos anos de 2009 a 2012. A pesquisa resultou em 55 acórdãos, dos quais nove (16,3%) foram julgados regulares e 46 (83,7%) irregulares. A falta de planejamento foi a razão mais apontada como motivo da decisão pela irregularidade (34 acórdãos).

5.3 Metodologia

5.3.1 Escolha das variáveis

A decisão pela procedência das denúncias e representações é a variável resposta (dependente) do modelo. O acórdão pela procedência significa que o colegiado julgou os pedidos da denúncia ou representação, que aceitou os pedidos e que o autor tem razão em todos os pedidos. No julgado pela improcedência, o colegiado dá ganho de causa para o réu em todos os pedidos. Finalmente, nas decisões pela procedência parcial, o colegiado julga procedente apenas parte dos pedidos. Isto não significa, porém, que o processo acabou, pois pode haver recurso. Neste estudo as decisões pela procedência parcial foram consideradas procedentes, para a variável resposta ser binária, decisão pela procedência (1) ou pela improcedência (0), mais adequado para o cálculo de probabilidades por meio da regressão logística.

Foram investigadas as seguintes variáveis independentes: ano do processo, ano do julgado, duração do processo, relator, tipo de processo, atuação do Ministério Público e anterioridade em relação ao Acórdão 1876/2007. O ano de abertura do processo foi investigado porque ele pode refletir diferentes contextos políticos, sociais e econômicos. O ano do julgado foi estudado como possível variável explicativa, pois a composição do colegiado está relacionada com o ano da deliberação, uma vez que a composição do TCU muda ao longo do tempo. Como a celeridade processual e a razoável duração do processo são temas relevantes nos Tribunais de Contas, resolveu-se estudar também se a duração do processo teria algum impacto nas decisões.

O ministro relator foi incluído porque ele é quem mais tempo dedica ao caso e por isto teria grande influência sobre o voto dos outros ministros. No Supremo Tribunal Federal, estatísticas mostram que o voto do relator é seguido pelos outros ministros na esmagadora maioria dos julgados (SILVA, 2015).

O Regimento Interno do TCU (RITCU) trata das denúncias no seu artigo 234: "Qualquer cidadão, partido político, associação ou sindicato é parte legítima para denunciar irregularidades ou ilegalidades perante o Tribunal de Contas da União". Já o artigo 237 trata dos legitimados para apresentar representações: o Ministério Público da União, os órgãos de controle interno, os senadores da República, deputados federais, estaduais e distritais, juízes, servidores públicos e outras autoridades que comuniquem a ocorrência de irregularidades de que tenham conhecimento em virtude do cargo que ocupam, os tribunais de contas dos estados, do Distrito Federal e dos municípios, as câmaras municipais e os ministérios públicos estaduais, as equipes de inspeção ou de auditoria, as unidades técnicas do Tribunal e outros órgãos, entidades ou pessoas que detenham essa prerrogativa por força de lei específica (BRASIL, 2011). Considerando-se a diferença de legitimados para apresentar denúncias ou representações, resolveu-se investigar o impacto do tipo de processo nas decisões.

O inciso II do artigo 81 da Lei Orgânica do TCU (LOTCU) determina que o Ministério Público junto ao TCU deve se manifestar obrigatoriamente em todos os processos dos tipos tomada de contas, prestação de contas, atos de admissão de pessoal e concessão de aposentadorias e pensões (BRASIL, 1992). Este é, provavelmente, o motivo pelo qual ele atua somente em parte dos processos do tipo denúncia e representação, e por isto o impacto da atuação do Ministério Público de Contas nos julgados foi estudado.

Antes de 2007, o TCU não reconhecia situações de emergência decorrentes de falta de planejamento, mas somente aquelas que foram consequência da imprevisibilidade. O Acórdão 1876/2007 é uma decisão paradigma, que modificou este entendimento: "A situação prevista no art. 24, VI, da Lei nº 8.666/93 não distingue a emergência real, resultante do imprevisível, daquela resultante da incúria ou inércia administrativa [...]" (BRASIL, 2007). Segundo esta decisão é possível, em ambos os casos a contratação direta, desde que caracterizada a situação emergencial. Por este motivo incluiu-se a variável anterioridade em relação a este acórdão paradigma como candidata a variável explicativa.

5.3.2 Construção da base de dados

Este é um estudo exploratório e quantitativo, que utiliza técnica documental. Foi feita uma busca na sessão de jurisprudência do sítio eletrônico do TCU com as expressões: (emergência OU emergencial OU calamidade OU calamitosa) e "dispensa de licitação" no dia 17 de agosto de 2020.

Pelos critérios do mecanismo de busca do TCU, o resultado da busca apresenta apenas os acórdãos cujos processos contêm uma daquelas palavras (emergência, emergencial, calamidade, calamitosa) e a expressão dispensa de licitação, o que torna bastante improvável que a busca tenha colhido um número significativo de acórdãos não relacionados com o objeto deste trabalho. Também é pouco provável que um número importante de decisões relacionadas com o tema não tenha sido coletado. A busca resultou em 2.725 acórdãos.

No resultado da busca foram aplicados vários filtros, utilizando a função *filter* do subpacote *dplyr* e a função *str_detect* do subpacote *stringr*, ambos do pacote *tidyverse*, do *software* estatístico R versão 4.0.0. Foi aplicado um primeiro filtro, no conjunto inicial de 2.725 julgados, separando-se apenas as linhas relativas aos processos do tipo denúncia ou representação, da coluna Tipo de Processo da planilha resultante da pesquisa na seção de Jurisprudência do sítio do TCU, resultando num grupo de 606 acórdãos. Neste conjunto foi aplicado um segundo filtro, separando-se apenas os acórdãos (linhas) que continham na coluna Sumário da referida planilha as palavras procedência ou improcedência, ou seja, uma decisão quanto à procedência, chegando-se a um novo lote de 261 julgados. Finalmente, foi aplicado nesse grupo um último filtro, retirando-se as linhas cuja coluna Sumário continha a palavra reexame, para evitar processos em duplicidade, resultando num conjunto de 234 acórdãos a ser analisado.

5.4 Análise dos resultados

5.4.1 Estatística descritiva (Análise exploratória de dados)

Os recentes avanços na ciência de dados permitem, especialmente na pesquisa de documentos eletrônicos, que se trabalhe com populações em vez de amostras, que é o caso deste estudo. Por isto, neste trabalho não se fala em aleatoriedade, necessária na Estatística Inferencial, na qual se utilizam amostras aleatórias, não enviesadas, para se poder fazer inferências ou generalizações sobre a população a partir de amostras. Quando se utiliza a população não há que se falar em amostras aleatórias. Por isto, as Tabelas 1 a 4 não apresentam as margens de erro ou intervalos de confiança, próprios dos estudos que usam amostras para fazer inferências sobre populações.

Dos 234 acórdãos selecionados, 203 (86,7%) foram pela procedência e 31 (13,3%) foram pela improcedência das denúncias e representações. O Gráfico 1 mostra as frequências das decisões pela procedência por ano de abertura do processo. Pode-se observar que nos processos abertos em anos mais recentes existe uma maior proporção nos julgados pela improcedência das representações e denúncias. Nota-se também a existência de um pico de processos abertos nos anos de 2005 e 2006.

GRÁFICO 1
Ano de abertura do processo

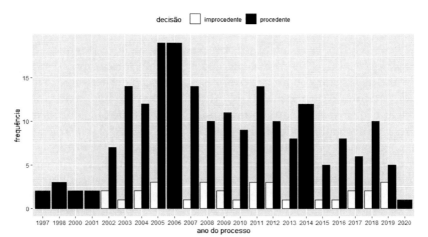

Fonte: elaboração do autor.

O Gráfico 2 descreve a quantidade de decisões por ano do julgado. Nota-se que a forma geral do histograma é diferente do Gráfico 1. Existe uma relativa estabilidade a partir de 2005 até o ano de 2020, que talvez possa ser explicada pelo fato de o TCU não ter controle sobre a quantidade de autuações de processos de denúncias e representações, mas ter uma capacidade limitada de processamento e julgamento.

GRÁFICO 2
Ano do julgado

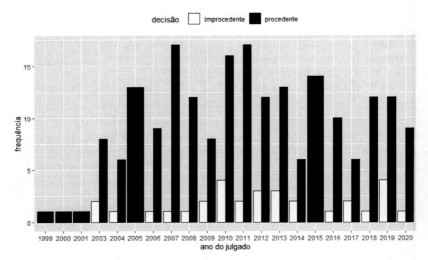

Fonte: elaboração do autor.

Na Tabela 1 podem ser observados os julgados por duração do processo. As durações foram calculadas subtraindo-se o ano do julgado do ano de abertura do processo. Por isto a duração é apresentada em um número inteiro de anos. Nota-se que existe um pico para a duração de um ano, e depois a quantidade de julgados cai conforme a duração do processo aumenta. Pode-se observar ainda que, para durações de até um ano, cerca de 80% das decisões são pela procedência. Para durações dois e três anos o percentual sobe para 90% aproximadamente, e finalmente para durações acima de três anos, a quase totalidade dos julgados são pela procedência. Isto é um indicador que os processos pela procedência são menos céleres que pela improcedência. De fato, a duração média geral dos processos é 2,2 anos, sendo que a duração média dos processos com decisão pela improcedência é 1,5 ano enquanto que a média pela

SITUAÇÕES DE EMERGÊNCIA, CONTROLE SOCIAL, TRIBUNAIS DE CONTAS E JURIMETRIA...

procedência é 2,3 anos. Os processos com julgados pela procedência duram, portanto quase um ano a mais do que os pela improcedência.

TABELA 1
Duração do processo

Duração (anos)	Frequência	%	Procedente		Improcedente	
			Frequência	%	Frequência	%
0	35	15,0	29	82,9	6	17,1
1	63	26,9	51	81,0	12	19,0
2	52	22,2	46	88,5	6	11,5
3	38	16,2	33	86,8	5	13,2
4	16	6,8	16	100,0	0	0,0
5	16	6,8	14	87,5	2	12,5
6	3	1,3	3	100,0	0	0,0
7	6	2,6	6	100,0	0	0,0
8	4	1,7	4	100,0	0	0,0
10	1	0,4	1	100,0	0	0,0
Total	234	100,0	203	86,8	31	13,2

Fonte: elaboração do autor.

A Tabela 2 mostra as frequências das decisões conforme a atuação do Ministério Público no processo. Pode-se observar que, quando o Ministério Público atua, a proporção pela procedência é maior do que quando não atua, o que é um resultado esperado. Nota-se ainda que o Ministério Público não atua na maioria dos processos.

Tabela 2
Atuação do Ministério Público

Atuação do Ministério Público	Frequência	%	Procedente		Improcedente	
			Frequência	%	Frequência	%
Atuou	99	42	90	90	9	10
Não atuou	135	58	113	83	22	17
Total	234	100	203	87	31	13

Fonte: elaboração do autor.

Na Tabela 3 pode-se observar a quantidade de julgados pelo tipo de processo. Nota-se que a quantidade de representações é bem maior

GILSON PIQUERAS GARCIA
JURIMETRIA APLICADA AOS TRIBUNAIS DE CONTAS

que a de denúncias, e que a proporção de decisões pela improcedência é bem maior nas representações do que nas denúncias.

TABELA 3
Tipo de processo

Tipo de processo	Frequência	%	Procedente		Improcedente	
			Frequência	%	Frequência	%
Denúncia	40	20	38	95	2	5
Representação	194	80	165	85	29	15
Total	234	100	203	87	31	13

Fonte: elaboração do autor.

A Tabela 4 apresenta as decisões quanto à anterioridade em relação ao Acórdão 1876/2007. Antes deste julgado paradigma, o entendimento do TCU era de que mesmo que caracterizada a situação de emergência, se esta fosse resultado da falta de planejamento, a decisão seria pela irregularidade dos atos próprios da situação de emergência, como a dispensa de licitação. Neste acórdão ficou decidido que, mesmo que ficasse comprovada a desídia do gestor, se a situação emergencial ficasse caracterizada, ela seria considerada regular, sendo o responsável posteriormente processado por suposta culpa ou dolo. Na Tabela 4 nota-se, como era de se esperar, que a proporção de julgados pela improcedência das denúncias e representações aumenta depois desta quebra de paradigma, o que é também um resultado esperado.

TABELA 4
Anterioridade ao Acórdão 1876/2007

Anterioridade	Frequência	%	Procedente		Improcedente	
			Frequência	%	Frequência	%
Anterior	54	23	49	90	5	10
Posterior	180	77	154	85	26	15
Total	234	100	203	87	31	13

Fonte: elaboração do autor.

5.4.2 Regressão logística – Modelo explicativo

A regressão logística é uma técnica estatística que permite explicar o comportamento de variáveis qualitativas dependentes (variáveis resposta) em função de variáveis independentes qualitativas (categóricas) ou quantitativas. Segundo Agresti (2007) e Hilbe (2013) o tipo mais comum de variável resposta é a variável binária (0,1), que é o caso de nosso estudo (decisão pela procedência ou improcedência da denúncia ou representação). A regressão logística permite calcular a probabilidade de ocorrer um evento (decisão pela procedência ou improcedência da denúncia ou representação) para qualquer conjunto de variáveis explicativas (independentes). Esta probabilidade é dada pela função logística p(X), da equação 1 (JAMES *et al.*, 2013, p. 135):

Equação 1 – Probabilidade de ocorrência de um evento para um dado conjunto de variáveis explicativas:

$$p(X) = \frac{e^{\beta 0 + \beta 1 X 1 + \cdots + \beta p X p}}{1 + e^{\beta 0 + \beta 1 X 1 + \cdots + \beta p X p}}$$

Onde:

p(X): probabilidade de ocorrer um valor *Y* da variável resposta para um determinado conjunto *(X)* de valores das variáveis explicativas *(X1, ..., Xp)*. *p(X)* somente pode assumir valores entre 0 e 1.

β0, β1,..., βp: parâmetros da regressão logística.

A Tabela 5 mostra as variáveis utilizadas na regressão logística desta pesquisa e as suas respectivas categorias:

TABELA 5
Variáveis da regressão logística

NOME	VARIÁVEL	TIPO	CATEGORIAS
Decisão	Resposta	Categórica	Procedente (1) Improcedente (0)
Duração	Explicativa	Numérica	0 a 10 anos
Tipo de processo	Explicativa	Categórica	Denúncia Representação
Relator	Explicativa	Categórica	R00 a R20
Ministério Público	Explicativa	Categórica	Atuou Não atuou
Anterioridade ao acórdão 1876/2007	Explicativa	Categórica	Anterior Posterior

Fonte: elaboração do autor.

A regressão logística resultou da aplicação da função glm (*generalized linear models*), família binomial, do *software* R versão 4.0.0. A Tabela 6 mostra os coeficientes *β* que resultaram da regressão logística, onde estão apresentados os valores apenas para os nove relatores com maior quantidade de julgados.

TABELA 6
Coeficientes β

VARIÁVEIS	CATEGORIAS	COEFICIENTES (β)
	Interseção (β0)	1,4383457
Duração do processo	0 a 10 anos	0,3090920
Tipo de processo	Representação	-1,0213170
Relator	R01	3,4335817
	R02	1,1991335
	R03	2,7192579
	R04	2,6198056
	R05	2,2657413
	R06	0,2770368
	R07	1,8140500
	R08	1,4508463
	R09	2,5019246
Ministério Público	Não atuou	-1,3341246
Anterioridade ao Acórdão 1876/2007	Posterior	-0,1125870

Fonte: elaboração do autor.

Com a regressão logística, por meio da função glm do *software* R, pode-se calcular a probabilidade de a decisão ser pela procedência para qualquer conjunto de variáveis. No conjunto base (intersecção-coeficiente β_0) a duração do processo é menor que um ano (0), o tipo de processo é denúncia, o relator é R00, o Ministério Público atua e a decisão é anterior ao Acórdão 1876/2000. A probabilidade de a decisão ser pela procedência para o conjunto base de variáveis é de 80,81%. Por outro lado, a probabilidade de a decisão ser pela procedência se a duração do processo for de um ano, o tipo de processo for representação, o relator for R06 e o Ministério Público não atuar, por exemplo, é de 39,08%.

No Gráfico 3 pode-se observar a regressão logística. No eixo vertical estão as probabilidades da representação ser julgada procedente [Y=P(X)]. No eixo horizontal estão os 234 julgados ordenados de acordo com o valor de P(X).

GRÁFICO 3
Regressão logística

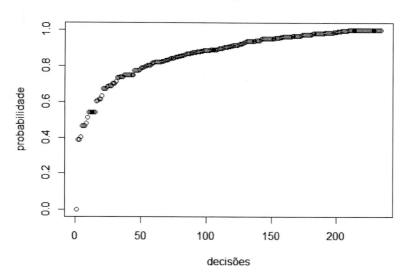

Fonte: elaboração do autor.

Existe uma maneira mais fácil de calcular as probabilidades, sem recorrer a equações logarítmicas. Da manipulação da equação 1 chega-se à equação 2 abaixo. A quantidade $p(X)/[1-p(X)]$ é chamada razão de chances (*odds ratio*).

Equação 2 – Razão de Chances (*Odds Ratio*)

$$\frac{p(X)}{1-p(X)} = e^{\beta 0+\beta 1 X1+...+\beta pXp} = e^{\beta 0}.e^{\beta 1 X1}....e^{\beta pXp}$$

A razão de chances somente pode assumir valores entre 0 e ∞ (infinito). A Tabela 7 mostra a razão de chances para diferentes valores de probabilidade *p(X)* de sucesso de um evento.

TABELA 7
Razão de chances (*odds ratio*) em função de $p(X)$

$p(X)$	Razão de Chances $p(X)/[1-p(X)]$
0,0	0,00
0,1	0,11
0,2	0,25
0,3	0,42
0,4	0,66
0,5	1,00
0,6	1,50
0,7	2,33
0,8	4,00
0,9	9,00
1,0	∞

Fonte: elaboração do autor.

Da equação 2 pode ser observado que a razão de chances [p(X)/[1-p(X)] pode ser obtida pelo produto dos exponenciais do coeficiente β_0 ($e^{\beta 0}$) e dos coeficientes βp ($e^{\beta p}$) das categorias das variáveis presentes, uma vez que Xp=1 para as variáveis presentes e Xp=0 para as variáveis ausentes. A Tabela 8 apresenta as razões de chance para as diversas categorias das variáveis explicativas deste estudo.

TABELA 8
Razões de chance

VARIÁVEIS	CATEGORIAS	RAZÕES DE CHANCE
	Interseção ($\beta 0$)	4,213719
Duração do processo	0 a 10 anos	1,362188
Tipo de processo	Representação	0,3601203
Relator	R01	30,98743
	R02	3,317241
	R03	15,16906
	R04	13,73305
	R05	9,638266
	R06	1,319215
	R07	6,135245
	R08	4,266724
	R09	12,20596
Ministério Público	Não atuou	0,2633887
Anterioridade ao Acórdão 1876/2007	Posterior	0,8935196

Fonte: elaboração do autor.

SITUAÇÕES DE EMERGÊNCIA, CONTROLE SOCIAL, TRIBUNAIS DE CONTAS E JURIMETRIA...

Os valores das probabilidades para o conjunto base e para o exemplo podem ser recalculados a partir da razão de chances $[p(X)/[1-p(X)]$ e dos exponenciais dos coeficientes ($e^{\beta p}$).
Para o conjunto base (interseção):
$p(X)/[1-p(X)] = e^{\beta 0} = 4{,}213719$
$p(X) = 4{,}213719\,[1-p(X)] = 4{,}213719 - 4{,}213719p(X)$
$p(X) +4{,}213719p(X) = 4{,}213719$
$5{,}213719\,(X) = 4{,}213719$
$p(X) = 4{,}213719/\,5{,}213719 = 0{,}8081\,(80{,}81\%)$

Pode-se observar que este valor é o mesmo do calculado pelo *software* estatístico R. A tabela 9 mostra os exponenciais das razões de chance para as categorias do exemplo.

TABELA 9
Exponenciais dos coeficientes ($e^{\beta p}$) para o exemplo

VARIÁVEIS	CATEGORIAS	RAZÕES DE CHANCE
	Interseção ($\beta 0$)	4,213719
Duração do processo	1 ano (1x0.3090920)	1,362188
Tipo de processo	Representação	0,3601203
Relator	R06	1,319215
Ministério Público	Não atuou	0,2633887
Anterioridade ao Acórdão 1876/2007	Posterior	0,8935196

Fonte: elaboração do autor.

$p(X)/[1-p(X)] = e^{\beta 0}.e^{\beta 1}....e^{\beta p}$
$p(X)/[1-p(X)] = 4{,}213719\text{x}1{,}362188\text{x}\ 0{,}3601203\text{x}\ 1{,}319215\text{x}\ 0{,}2633887\text{x}\ 0{,}8935196$
$p(X)/[1-p(X)] = 0{,}6417516$
$p(X) = 0{,}6417516\,[1-p(X)] = 0{,}6417516- 0{,}6417516p(X)$
$p(X) +0{,}6417516\,(X) = 0{,}6417516$
$1{,}6417516\,(X) = 0{,}6417516$
$p(X) = 0{,}6417516/1{,}6417516= 0{,}3908\,(39{,}08\%)$

Este valor também é o mesmo do calculado pelo *software* estatístico R. O uso das razões de chance facilita a avaliação do impacto das diferentes categorias das variáveis explicativas nas probabilidades. As categorias com valores das razões de chance próximos da unidade pouco alteram a probabilidade da decisão pela procedência. Por outro lado, quanto mais os valores se distanciam da unidade, maior a alteração no valor da probabilidade. As implicações disto podem ser inferidas a partir da observação da Tabela 8. Quanto maior a duração do processo maior a probabilidade da decisão pela procedência, ou seja, a cada ano que a duração do processo aumenta, o valor da razão de chances é multiplicado por 1,36. Quando o tipo do processo é representação, a probabilidade pela procedência é menor que quando é denúncia, uma vez que a razão de chances é multiplicada por 0,36. Quanto aos Relatores, todos aumentam a probabilidade pela procedência em relação ao Relator R00, embora num extremo esteja o Relator R06 onde a razão de chances é multiplicada por 1,31 e no outro o relator R01 onde a razão de chances é multiplicada por 30. Quando ao Ministério Público não atua a probabilidade pela procedência é menor que quando atua, uma vez que a razão de chances é multiplicada por 0,26. Por fim, quando o julgado é posterior ao Acórdão 1876/2007 a probabilidade pela procedência é menor do que quando é anterior, uma vez que a razão de chances é multiplicada por 0,89.

5.4.3 Regressão logística – Modelo preditivo

Segundo Kuhn e Johnson (2013) a regressão logística é um modelo bem eficaz para fazer predições. No nosso estudo, predições podem ser feitas mediante as probabilidades calculadas por meio do modelo do item anterior. Quando a probabilidade for maior que 50% [p(X)>0,5] a previsão será que a representação ou denúncia será julgada procedente, caso contrário que será julgada improcedente. A Tabela 10 mostra as predições comparadas com os verdadeiros julgados.

TABELA 10
Modelo preditivo

	DECISÕES	
PREDIÇÕES	Improcedente	Procedente
Improcedente	4	4
Procedente	27	199

Fonte: elaboração do autor.

Os elementos da diagonal principal da Tabela 10 representam as predições verdadeiras (PV=4+199=203). Os elementos fora desta diagonal representam as predições falsas (PF=4+27=31). A acurácia do modelo é definida como a relação entre as previsões verdadeiras e o total de previsões (A=PV/TOTAL).

A=PV/TOTAL=203/234=0,8675 (86,75%).

O nosso modelo preditivo tem, portanto, uma acurácia de 86,75%.

5.4.4 Considerações finais

O estudo descreveu as decisões do TCU sobre a procedência ou improcedência das denúncias e representações nas situações de emergência em função das variáveis do processo (ano de abertura do processo, ano do julgado, duração do processo, atuação do Ministério Público, tipo de processo e anterioridade em relação ao Acórdão 1876/2007). Um modelo explicativo foi construído, por meio de regressão logística, de modo a explicar a relação entre as variáveis independentes do processo e a variável resposta dependente binária (decisão). Finalmente foi construído um modelo preditivo, também por meio da regressão logística, para prever as decisões em função das probabilidades do julgado pela procedência, calculadas pelo modelo explicativo. Os objetivos do trabalho foram, portanto, atingidos.

Uma das limitações do estudo é que ele é exploratório e quantitativo. Ele responde a perguntas do tipo *Como?* – Como se distribuem as decisões pelas variáveis do processo? Como as decisões são explicadas por estas variáveis? O trabalho não responde a perguntas do tipo *Por que?* – Por que quanto maior a duração do processo maior a probabilidade pela procedência? Por que quando o Ministério Público atua a probabilidade é maior do que quando não atua? Por que a probabilidade na denúncia é maior do que na representação? Isto remete à primeira sugestão para trabalhos futuros, que se façam estudos qualitativos, para num movimento indutivo, indo do campo empírico para o campo teórico, procurar responder estas questões.

Outra limitação do trabalho é o fato de terem sido analisadas apenas as informações constantes das planilhas fornecidas pela seção de jurisprudência do sítio do TCU. Estas planilhas têm apenas o texto do sumário, e não o acórdão completo e as outras peças do processo. A análise destes elementos poderia permitir um maior refinamento do modelo, com a inclusão de um maior número de variáveis independentes explicativas, permitindo uma maior acurácia. Isto leva à segunda e última sugestão para estudos futuros: trabalhos com a utilização de ferramentas mais sofisticadas de mineração de dados e de processamento de linguagem natural (*NLP*) poderão permitir pesquisas nos processos completos e resultar em modelos mais precisos.

Referências

AGRESTI, A. *An introduction to categorical data analysis.* New Jersey: John Wiley & Sons, 2007.

BRASIL. *Lei nº 8.443, de 16 de julho de 1992.* Dispõe sobre a Lei Orgânica do Tribunal de Contas da União e dá outras providências. Disponível em: http://www.planalto.gov.br/ccivil_03/leis/l8443.htm. Acesso em: 17 out. 2020.

BRASIL. *Lei nº 8.666/1993: licitações e contratos.* Brasília: Senado Federal, 1993.

BRASIL. Tribunal de Contas da União. *Acórdão 1876/2007* – Plenário. Disponível em: https://pesquisa.apps.tcu.gov.br/#/documento/acordao-completo/*/NUMACORDAO%253A1876%2520ANOACORDAO%253A2007/DTRELEVANCIA%2520desc%252C%2520NUMACORDAOINT%2520desc/0/%2520?uuid=d5d07e20-e40d-11ea-957f-f915fe5b483e. Acesso em: 21 ago. 2020.

BRASIL. *Decreto nº 7.257.* Regulamenta a Medida Provisória nº 494 de 2 de julho de 2010, para dispor sobre o Sistema Nacional de Defesa Civil – SINDEC, sobre o reconhecimento de situação de emergência e estado de calamidade pública. Brasília: Presidência da República, 2010. Disponível em: http://www.planalto.gov.br/ccivil_03/_Ato2007-2010/2010/Decreto/D7257.htm. Acesso em: 16 ago. 2020.

BRASIL. Tribunal de Contas da União. *Regimento Interno do Tribunal de Contas da União.* Brasília, Tribunal de Contas da União, 2011.

BRASIL. Tribunal de Contas da União. *Pesquisa de Jurisprudência.* Disponível em: https://pesquisa.apps.tcu.gov.br/#/pesquisa/acordao-completo. Acesso em: 10 ago. 2020.

CAPUA, V. A.; BARBOSA, M. B.; CARNEIRO, A. P. O respeito ao princípio da impessoalidade na contratação pública após dispensa de processo licitatório motivado por situação de emergência. *Revista Eletrônica da Faculdade de Direito de Campos.* Campos: v. 5 n. 1, 2020, p. 220-235.

CARVALHO, L. C.; CARVALHO, L. C. Contratações emergenciais: análise da visão do Tribunal de Contas da União. *Revista da Faculdade de Direito – UFPR.* Curitiba: v. 59, n. 1, p. 7-34, 2014.

DOTTI, M. R. Contratação emergencial e desídia administrativa. *Revista do TCU.* Brasília: v. 108, jan./abr. 2007, p. 51-62.

ELY, J. E. *A administração pública municipal na situação de emergência.* Monografia. Curso de Especialização em Planejamento e Gestão em Defesa Civil. Universidade Federal de Santa Catarina. Florianópolis, 2005, 59 p.

GARCIA, G. P. Vigência e desafios da Lei de Responsabilidade Fiscal, Jurimetria e Tribunais de Contas: um estudo quantitativo sobre o Tribunal de Contas do Município de São Paulo. *Cadernos da Escola Paulista de Contas Públicas.* São Paulo: v. 1, n. 5, p. 49-64, 1 sem 2020. Disponível em: https://www.tce.sp.gov.br/epcp/cadernos/index.php/CM/issue/view/8/Cadernos%205. Acesso em: 01 ago. 2020.

HILBE, J. M. *Practical Guide to Logistic Regression.* Boca Raton, CRC Press, 2015.

JAMES, G. *et al. An Introduction to Statistical Learning.* New York, Springer, 2013, 426p.

KUHN, M.; JOHNSON, K. *Applied Predictive Modeling.* New York: Springer, 2013.

LUVIZOTTO; C. L.; GARCIA, G. P. A Jurimetria e os tribunais de contas. *Anais do I Congresso Internacional dos Tribunais de Contas; V Congresso Internacional de Controle e Políticas Públicas e XXX Congresso dos Tribunais de Contas do Brasil,* 11-14 nov. 2019. Coordenado por Instituto Rui Barbosa. Curitiba: IRB, p. 366-380, 2020a. Disponível em: https://irbcontas. org.br/wp-content/uploads/2020/08/Anais_CITC-final.pdf. Acesso em: 06 ago. 2020.

LUVIZOTTO; C. L.; GARCIA, G. P. A Jurimetria e sua aplicação nos tribunais de contas: análise de estudo sobre o Tribunal de Contas da União (TCU). *Revista Controle.* Fortaleza, v. 18, n. 1, p. 46-73, jan./jun. 2020b. Disponível em: https://revistacontrole.tce.ce.gov.br/ index.php/RCDA/article/view/585. Acesso em: 01 ago. 2020.

MEDEIROS, C. M.; KWITSCHAL, J. M. A utilização da dispensa de licitação para atender situação emergencial provocada por planejamento deficiente e suas consequências. *Revista de Direito Administrativo e Gestão Pública.* Brasília: v. 2, n. 1, Jan/Jun. 2016, p. 262-282.

OLIVEIRA, A. *Comportamento de gestores de recursos públicos:* identificação de contingências previstas e vigentes relativas à prestação de contas. 2016. Tese (Doutorado em Ciências do Comportamento) – Instituto de Psicologia, Universidade de Brasília, 2016.

OLIVEIRA-CASTRO, J. M.; OLIVEIRA, A.; AGUIAR, J. C. Análise comportamental do direito: aplicação de sanções pelo Tribunal de Contas da União a gestores com contas irregulares. *Revista de Estudos Empíricos em Direito,* São Paulo, v. 5, n. 2, 2018. p. 146-161.

SILVA, V. A. Deciding without deliberating. *International Journal of Constitutional Law,* v. 11, n. 3, 2013, p. 557–584.

SILVA, V. A. "Um voto qualquer?" O papel do Ministro Relator na deliberação no Supremo Tribunal Federal. *Revista Estudos Institucionais,* v. 1, n. 1, 2015, p. 180–200.

SILVA, R. B. Sociedade e Estado: Quem Controla Quem? Diferentes abordagens do controle social e a evolução das relações Sociedade-Estado. *Revista da CGU.* Brasília: v. 8, n. 13, 404-423, jul./dez. 2016, p. 404-423.

CAPÍTULO 6

SAÚDE, TRIBUNAIS DE CONTAS E JURIMETRIA: UM ESTUDO SOBRE OS ACÓRDÃOS DO TRIBUNAL DE CONTAS DA UNIÃO[4]

6.1 Introdução

A saúde sempre foi um dos objetos mais importantes de auditoria pelos Tribunais de Contas, devido ao volume de recursos a ela destinado e à sua importância para a sociedade. Com o advento da pandemia da COVID-19 no ano de 2020 a fiscalização desta função torna-se ainda mais importante. Muitos trabalhos qualitativos têm sido publicados sobre a atuação dos Tribunais de Contas, mas poucos trabalhos quantitativos. Luvizotto e Garcia (2020a, 2020b) apresentam uma série de aplicações da Jurimetria no Brasil, enquanto Garcia (2020) utilizou a Jurimetria para estudar a aplicação da lei de responsabilidade fiscal pelo Tribunal de Contas do Município de São Paulo (TCMSP).

Os estudos quantitativos nos Tribunais são realizados por meio da Jurimetria, que é a Estatística aplicada ao Direito. A Jurimetria tem origem no Realismo Jurídico, que tem origem no século passado nos Estados Unidos, que se preocupa com a aplicação concreta da lei, o mundo do *ser*, em oposição ao Positivismo, prevalecente na Europa Continental, mais preocupada com aspectos abstratos, o mundo do *dever ser*. A Jurimetria é o polo quantitativo dos Estudos Empíricos do Direito (NUNES; PEREIRA, 2013; JOURNAL OF EMPIRICAL LEGAL

---

[4] Publicado na *Revista Cadernos da Escola Paulista de Contas Públicas*, v. 1, n. 6, 2º Sem. 2020.

STUDIES, 2020; REVISTA DE ESTUDOS EMPÍRICOS DO DIREITO, 2020; OLIVEIRA, 2004; NUNES, 2016; ASSOCIAÇÃO BRASILEIRA DE JURIMETRIA, 2020). Neste trabalho, por meio da Estatística Descritiva, ou Análise Exploratória de Dados, pretende-se mostrar as distribuições das diversas variáveis dos processos (ano de abertura do processo, ano do julgado, duração do processo, relator e atuação do Ministério Público, tipo de processo, órgão ou entidade investigada). Almeja-se ainda, por meio da Regressão Logística, construir um modelo explicativo, no qual as relações de causa e efeito entre as variáveis do processo e a decisão são estudadas. O estudo se justifica na medida em que o conhecimento da aplicação concreta da lei é fundamental para o aperfeiçoamento do processo legislativo e para a melhoria da eficiência dos Tribunais de Contas, pois fornece informações relevantes para o planejamento de auditorias baseado em matrizes de risco construídas a partir de evidências.

6.2 Referencial teórico

Este estudo trata dos principais órgãos e entidades que utilizam recursos federais par atender à função saúde: o Ministério da Saúde (MS), o Fundo Nacional de Saúde (FNS), a Fundação Nacional de Saúde (FUNASA), e as Secretarias Estaduais e Municipais de Saúde. O Ministério da Saúde é o órgão do Governo Federal responsável pelo planejamento e implementação das políticas públicas de saúde. O orçamento do Ministério da Saúde em 2019 foi de 127 bilhões de reais (BRASIL, 2020). O Fundo Nacional de Saúde (FNS) foi instituído em 1969 e é o gestor dos recursos financeiros do Sistema Único de Saúde (SUS) (BRASIL, 2020).

A Fundação Nacional de Saúde (FUNASA) é uma fundação pública federal, vinculada ao Ministério da Saúde, criada em 1991 (BRASIL, 1991), com o objetivo de auxiliar na implementação do SUS e a promover programas de prevenção e combate a doenças, educação em saúde, saneamento, combate e controle de endemias e pesquisas científicas em saúde (FUNASA, 2020). Em 2016 a FUNASA foi reestruturada e passou a atuar também em programas de saneamento ambiental, como abastecimento de água, esgotamento sanitário e coleta e disposição de resíduos sólidos (BRASIL, 2016). O orçamento da FUNASA em 2019 foi de 3,1 bilhões de reais (BRASIL, 2020).

Este trabalho aborda oito tipos de processo: aposentadoria, monitoramento, pensão civil, relatório de auditoria, representação, relatório de levantamento, solicitação do congresso nacional, tomada de contas, tomada de contas especial.

As aposentadorias e pensões estão previstas no inciso V do artigo 1º da Lei Orgânica do TCU (LOTCU):

> Art. 1º Ao Tribunal de Contas da União, órgão de controle externo, compete, nos termos da Constituição Federal e na forma estabelecida nesta Lei:
> [...]
> V - apreciar, para fins de registro, na forma estabelecida no Regimento Interno, a legalidade dos atos de admissão de pessoal, a qualquer título, na administração direta e indireta, incluídas as fundações instituídas e mantidas pelo poder público federal, excetuadas as nomeações para cargo de provimento em comissão, bem como a das concessões de **aposentadorias**, reformas e **pensões**, ressalvadas as melhorias posteriores que não alterem o fundamento legal do ato concessório; [...]. (BRASIL, 1992)

As tomadas de contas estão previstas no artigo 7º da LOTCU:

> Art. 7º As contas dos administradores e responsáveis a que se refere o artigo anterior serão anualmente submetidas a julgamento do Tribunal, sob forma de tomada ou prestação de contas, organizadas de acordo com normas estabelecidas em instrução normativa. (BRASIL, 1992).

O artigo 8º da LOTCU trata das tomadas de contas especiais:

> Art. 8º Diante da omissão no dever de prestar contas, da não comprovação da aplicação dos recursos repassados pela União, na forma prevista no inciso VII do art. 5º desta Lei, da ocorrência de desfalque ou desvio de dinheiros, bens ou valores públicos, ou, ainda, da prática de qualquer ato ilegal, ilegítimo ou antieconômico de que resulte dano ao Erário, a autoridade administrativa competente, sob pena de responsabilidade solidária, deverá imediatamente adotar providências com vistas à instauração da tomada de contas especial para apuração dos fatos, identificação dos responsáveis e quantificação do dano. (BRASIL, 1992)

As solicitações do Congresso Nacional são tratadas no artigo 38 da LOTCU:

Art. 38. Compete, ainda, ao Tribunal:
I - realizar por iniciativa da Câmara dos Deputados, do Senado Federal, de comissão técnica ou de inquérito, inspeções e auditorias de natureza contábil, financeira, orçamentária, operacional e patrimonial nas unidades administrativas dos Poderes Legislativo, Executivo e Judiciário e nas entidades da administração indireta, incluídas as fundações e sociedades instituídas e mantidas pelo poder público federal; [...]. (BRASIL, 1992)

As auditorias estão previstas no inciso II do artigo 41 da LOTCU:

Art. 41. Para assegurar a eficácia do controle e para instruir o julgamento das contas, o Tribunal efetuará a fiscalização dos atos de que resulte receita ou despesa, praticados pelos responsáveis sujeitos à sua jurisdição, competindo-lhe, para tanto, em especial:
[...]
II - realizar, por iniciativa própria, na forma estabelecida no Regimento Interno, inspeções e auditorias de mesma natureza que as previstas no inciso I do art. 38 desta Lei; [...]. (BRASIL, 1992)

As auditorias também são tratadas no artigo 239 do Regimento Interno do TCU (RITCU):

Art. 239. Auditoria é o instrumento de fiscalização utilizado pelo Tribunal para:
I – examinar a legalidade e a legitimidade dos atos de gestão dos responsáveis sujeitos a sua jurisdição, quanto ao aspecto contábil, financeiro, orçamentário e patrimonial;
II – avaliar o desempenho dos órgãos e entidades jurisdicionados, assim como dos sistemas, programas, projetos e atividades governamentais, quanto aos aspectos de economicidade, eficiência e eficácia dos atos praticados;
III – subsidiar a apreciação dos atos sujeitos a registro. (BRASIL, 2011).

O Regimento Interno do TCU (RITCU) trata dos levantamentos no artigo 238:

Art. 238. Levantamento é o instrumento de fiscalização utilizado pelo Tribunal para:
I – conhecer a organização e o funcionamento dos órgãos e entidades da administração direta, indireta e fundacional dos Poderes da União,

incluindo fundos e demais instituições que lhe sejam jurisdicionadas, assim como dos sistemas, programas, projetos e atividades governamentais no que se refere aos aspectos contábeis, financeiros, orçamentários, operacionais e patrimoniais;

II – identificar objetos e instrumentos de fiscalização; e

III – avaliar a viabilidade da realização de fiscalizações. (BRASIL, 2011)

O monitoramento é tratado no artigo 243 do RITCU: "Art. 243. *Monitoramento* é o instrumento de fiscalização utilizado pelo Tribunal para verificar o cumprimento de suas deliberações e os resultados delas advindos".

Por fim, as representações são tratadas no artigo 237 do RITCU:

Art. 237. Têm legitimidade para representar ao Tribunal de Contas da União:

I – o Ministério Público da União, nos termos do art. 6º, inciso XVIII, alínea c, da Lei Complementar nº 75/93;

II – os órgãos de controle interno, em cumprimento ao § 1º do art. 74 da Constituição Federal;

III – os senadores da República, deputados federais, estaduais e distritais, juízes, servidores públicos e outras autoridades que comuniquem a ocorrência de irregularidades de que tenham conhecimento em virtude do cargo que ocupem;

IV – os tribunais de contas dos estados, do Distrito Federal e dos municípios, as câmaras municipais e os ministérios públicos estaduais;

V – as equipes de inspeção ou de auditoria, nos termos do art. 246;

VI – as unidades técnicas do Tribunal; e

VII – outros órgãos, entidades ou pessoas que detenham essa prerrogativa por força de lei específica. (BRASIL, 2011).

6.3 Métodos e técnicas

Este é um estudo quantitativo, que utiliza a Jurimetria, Estatística aplicada ao Direito. A técnica usada é a pesquisa documental. Foi feita uma busca na sessão de jurisprudência do Tribunal de Contas da União (TCU), com a palavra saúde no campo nome do órgão ou da entidade, no dia 9 de outubro de 2020, conforme Figura 1 abaixo.

FIGURA 1
Pesquisa no sítio eletrônico do TCU

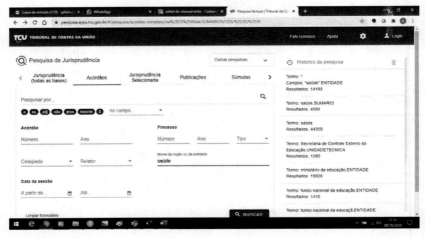

Fonte: Brasil (2020).

A busca resultou em 4.051 acórdãos, conforme Figura 2.

FIGURA 2
Resultado da busca no TCU

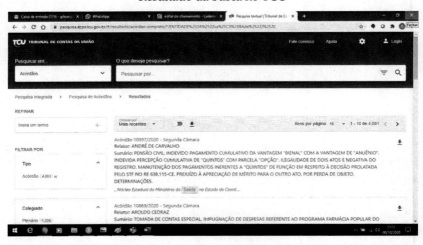

Fonte: Brasil (2020).

Nos resultados foram aplicados vários filtros usando o *software* estatístico R versão 4.0.0. Foram retirados os acórdãos cujos relatores tinham menos de 50 julgados, cujos tipos de processo tinham menos de 50 decisões, além dos acórdãos cujos processos foram autuados antes de 1995 ou que foram julgados antes de 2001. Isto resultou num novo conjunto de 3.669 acórdãos a ser analisado.

6.4 Análise exploratória de dados (Estatística Descritiva)

A Figura 3 mostra as frequências de julgados conforme aplicação ou não de multa. Dos 3.669 acórdãos analisados houve aplicação de multa em 943 (25,7%).

FIGURA 3
Multa

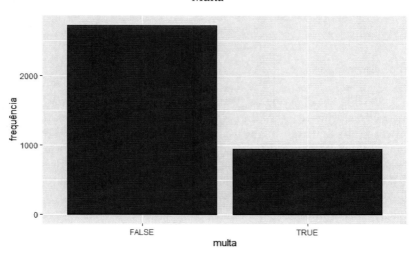

Fonte: elaboração do autor.

A Figura 4 apresenta as decisões pela aplicação de multa por Relator. Pode-se observar uma distribuição bastante desigual de julgados de entidades ou órgãos de saúde por relator, havendo um pico no relator r05. O relator r00 é o único em que houve mais aplicação de multas do que não aplicação (188 multas em 318 julgados, ou 59,1%). Para o relator r16 há igualdade (47 multas em 94 julgados, ou 50%). Para todos os outros relatores a quantidade de aplicação de multas é inferior à da não aplicação. Nota-se ainda que a proporção multa/não multa varia bastante de relator para relator.

FIGURA 4
Relator

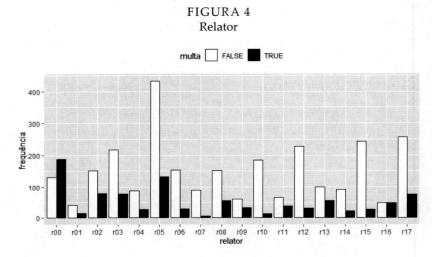

Fonte: elaboração do autor.

A Figura 5 expõe as multas por tipo de tipo de processo. A Aposentadoria e a Tomada de Conta Especial são os dois tipos de processo que tem mais julgados. Entretanto, enquanto a Aposentadoria tem uma proporção muito baixa de multas (11 multas em 1.118 julgados, ou 1%), as Tomadas de Contas Especiais têm mais aplicação que não aplicação de multas (713 multas em 1.131 decisões, ou 63%). Para os outros tipos de processo a proporção de aplicação de multas é menor do que a de não aplicação, embora esta proporção varie bastante conforme o tipo de processo.

FIGURA 5
Tipo de processo

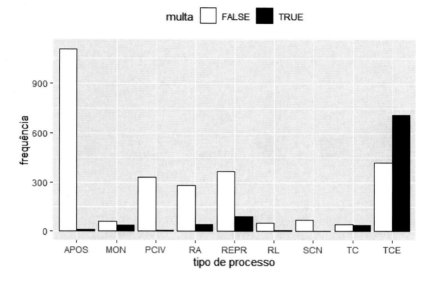

APOS=aposentadoria, MON=monitoramento, PCIV=pensão civil, RA=relatório de auditoria, REPR=representação, RL=relatório de levantamento, SCN=solicitação do congresso nacional, TC=tomada de contas, TCE=tomada de contas especial.

Fonte: elaboração do autor.

O Ministério da Saúde (MS) aparece em quase metade dos julgados (1.661 em 3.669, ou 45,3%). Pode-se observar na Figura 6 que a proporção de multas é menor para o Ministério da Saúde (109 em 1.661, ou 6,6%), do que para os outros órgãos. O Fundo Nacional de Saúde aparece em 398 julgados (10,8%), mas a proporção de aplicação de multas (276 em 398, ou 69,3%) é maior do que a da não aplicação. A Fundação Nacional da Saúde é responsável por 807 acórdãos (22,0%). A proporção de multas (296 em 807, ou 36,7%), é maior do que a do MS. As Secretarias Estaduais e Municipais de Saúde respondem por 499 decisões (13,6%). A proporção de multas (171 em 499, ou 34,3%) é também maior que a do MS.

FIGURA 6
Órgãos ou entidades

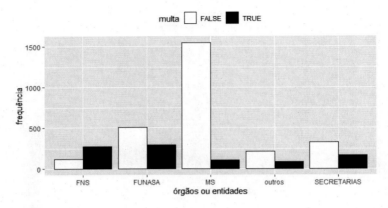

Fonte: elaboração do autor.

O Ministério Público de Contas atua em 2.930 julgados (79,8%), onde houve aplicação de multa em 794 (27%). Nos acórdãos que não atuou foram aplicadas multas em 149 dos 739 (20%). Como seria razoável se esperar, a proporção é maior quando o Ministério Público atua, do que quando não atua, conforme exibe a Figura 7.

FIGURA 7
Ministério Público

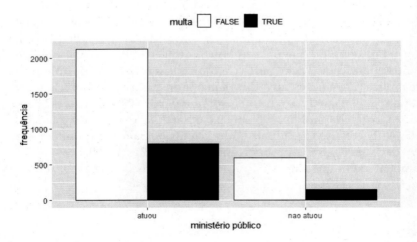

Fonte: elaboração do autor.

CAPÍTULO 6

143

Na Figura 8 pode-se observar que o Ministério Público atua na quase totalidade dos processos dos tipos aposentadoria, pensão, tomada de contas e tomada de contas especial, enquanto nos outros tipos de processo ele não atua na maioria das vezes. Este resultado é consistente com o artigo 81 a LOTCU:

> Art. 81. Competem ao procurador-geral junto ao Tribunal de Contas da União, em sua missão de guarda da lei e fiscal de sua execução, além de outras estabelecidas no Regimento Interno, as seguintes atribuições: [...]
> II - comparecer às sessões do Tribunal e dizer de direito, verbalmente ou por escrito, em todos os assuntos sujeitos à decisão do Tribunal, sendo obrigatória sua audiência nos processos de tomada ou prestação de contas e nos concernentes aos atos de admissão de pessoal e de concessão de aposentadorias, reformas e pensões; [...]. (BRASIL, 1991)

FIGURA 8

Atuação do Ministério Público conforme o tipo de processo

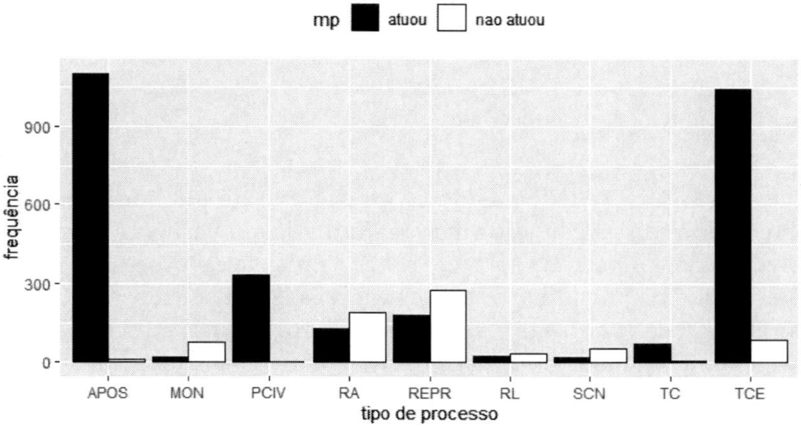

Fonte: elaboração do autor.

A Figura 9 mostra que a partir de 1995 houve um rápido cresci-mento no número de autuações nos processos de órgãos da saúde, até atingir um pico localizado de 141 processos em 1997. No ano de 1998 houve um grande decréscimo (20 processos), seguido de um crescimento nos anos seguintes até atingir um novo pico localizado em 2007 de 270 processos. Em 2008 houve uma redução (125 processos) seguida e novo crescimento até atingir o pico geral em 2013 e 2014, com 317 processos cada ano. A partir daí houve um decréscimo sustentado até atingir 41 processos em 2019. Quanto à proporção entre aplicação e não aplicação de multas, pode-se observar que varia de ano para ano, embora em nenhum ano a proporção de aplicação foi maior da que a de não aplicação.

FIGURA 9
Ano do processo

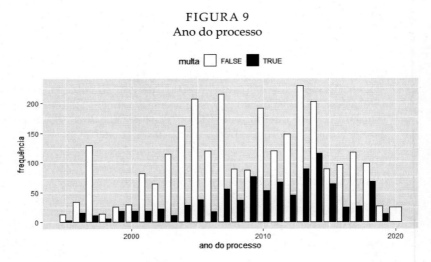

Fonte: elaboração do autor.

A Figura 10 exibe as decisões por ano de julgado. Pode ser observado que a distribuição é mais uniforme do que na Figura 11, porque talvez o TCU não tenha controle sobre a entrada de processos, mas a quantidade de julgados por ano esteja relacionada com a capacidade do TCU processar e julgar. A partir de 2001 ocorre um crescimento até 2004 com 227 julgados, e a partir daí o número de julgados por ano fica estável, em torno de 200. Pode-se observar, também, um significativo aumento na proporção de julgados pela aplicação de multas a partir de 2015 em relação ao período de 2003 a 2014.

FIGURA 10
Ano do julgado

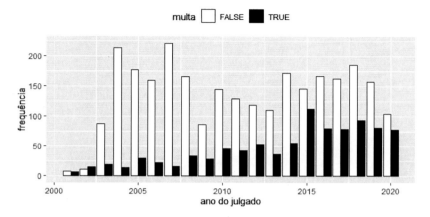

Fonte: elaboração do autor.

A Figura 11 apresenta os acórdãos por duração do processo. A duração foi calculada subtraindo o ano de abertura do processo do ano do julgado, sendo, portanto, apresentada em número inteiro de anos. A barra referente à duração zero anos é, por isto, relativa aos processos julgados no mesmo ano em que foram autuados (636 em 3.669, ou 17,3%). Para esses julgados a proporção de aplicação de multas é significativamente baixa. A duração média com o maior número de julgados é de um ano (927 ou 25,2%). A partir daí o número de julgados cai conforme a duração do processo aumenta, até atingir um processo com duração de 18 anos. Os processos de dois a cinco anos de duração têm maior proporção de aplicação de multas.

FIGURA 11
Duração

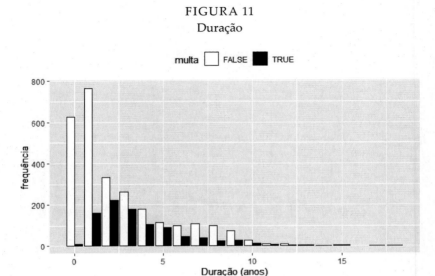

Fonte: elaboração do autor.

6.5 Regressão logística (Modelo explicativo)

A regressão logística é um modelo estatístico que permite explicar o comportamento de variáveis dependentes qualitativas. De acordo com Hilbe (2015, p. 3): "regressão logística é usada principalmente para modelar uma variável binária (0,1) com base em uma ou mais outras variáveis, denominadas preditores. A variável binária que está sendo modelada é geralmente referida como variável de resposta ou variável dependente". Neste estudo utilizaremos a regressão logística binária múltipla. Este modelo admite apenas dois valores possíveis para a variável resposta ou dependente (neste estudo, se a decisão é pela aplicação ou não aplicação de multa) e mais de uma variável explicativa ou independente (o ano de abertura do processo, o ano do julgado, o tipo de processo, o relator, a atuação do Ministério Público no processo e a entidade auditada, neste trabalho).

A regressão logística permite calcular ou prever a probabilidade de ocorrer um evento (variável resposta qualitativa binária, neste estudo a probabilidade de a decisão ser pela aplicação da multa) para qualquer conjunto de variáveis explicativas. Esta probabilidade é dada pela função logística p(X), da equação 1 (JAMES et al., 2013, p. 135):

EQUAÇÃO 1
Probabilidade de ocorrência de um evento para um dado conjunto de variáveis explicativas

$$p(X) = \frac{e^{\beta 0 + \beta 1X1 + \cdots + \beta pXp}}{1 + e^{\beta 0 + \beta 1X1 + \cdots + \beta pXp}}$$

Onde:

$p(X)$: probabilidade de ocorrer um valor Y da variável resposta (neste estudo Y=1, ou seja, decisão pela procedência) para um determinado conjunto (X) de valores das variáveis explicativas $(X1, ..., Xp)$. $p(X)$ somente pode assumir valores entre 0 e 1.
$\beta 0, \beta 1,..., \beta p$: parâmetros da regressão logística.

A Tabela 1 mostra as variáveis utilizadas na regressão logística desta pesquisa e as suas respectivas categorias:

TABELA 1
Variáveis da Regressão Logística

NOME	VARIÁVEL	TIPO	CATEGORIAS
Decisão	Resposta	Categórica	Aplicação de multa (1) Não aplicação de multa (0)
Relator	Explicativa	Categórica	R00 a R17
Tipo do processo	Explicativa	Categórica	APOS=aposentadoria, MON=monitoramento, PCIV=pensão civil, RA=relatório de auditoria, REPR=representação, RL=relatório de levantamento, SCN=solicitação do Congresso Nacional, TC=tomada de contas, TCE=tomada de contas especial.
Entidade	Explicativa	Categórica	Ministério da Saúde Fundo Nacional da Saúde Fundação Nacional da Saúde Secretarias Estaduais e Municipais de Saúde
Ministério Público	Explicativa	Categórica	Atuou Não atuou
Ano do processo	Explicativa	Numérica	1995 a 2020
Ano do julgado	Explicativa	Numérica	2001 a 2020

Fonte: elaboração do autor.

A regressão logística resultou da aplicação da função glm (*generalized linear models*), família binomial, do *software* R versão 4.0.0, conforme Figura 12.

FIGURA 12
Função glm do R

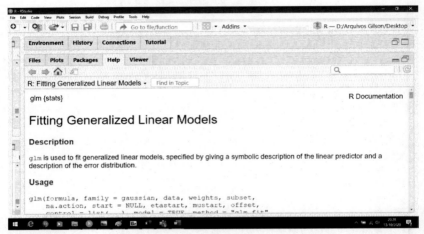

Fonte: elaboração do autor.

As Figuras 13 e 14 apresentam a tela do *software* estatístico R, com a estimativa dos coeficientes calculados pela regressão logística, e os correspondentes valores do erro-padrão, da estatística z e do p-valor. Dos valores de p constata-se que as categorias de variável significantes para o nível de significância de 5% são os relatores r04 e r07, todos os tipos de processo, com exceção da pensão civil e da solicitação do Congresso Nacional, o Ministério da Saúde e o Fundo Nacional de Saúde, a atuação do Ministério Público e o ano do julgado.

FIGURA 13
Regressão logística (intersecção e relatores)

```
Coefficients:
              Estimate Std. Error  z value Pr(>|z|)
(Intercept)   -4.64321   0.43255  -10.735  < 2e-16 ***
r$Relatorr01  -0.54098   0.37936   -1.426  0.153858
r$Relatorr02  -0.05373   0.23428   -0.229  0.818606
r$Relatorr03  -0.06640   0.22553   -0.294  0.768424
r$Relatorr04  -0.92304   0.29215   -3.159  0.001581 **
r$Relatorr05  -0.09875   0.19703   -0.501  0.616254
r$Relatorr06  -0.15831   0.31919   -0.496  0.619916
r$Relatorr07  -1.17282   0.50147   -2.339  0.019349 *
r$Relatorr08   0.19305   0.25777    0.749  0.453916
r$Relatorr09  -0.22695   0.30498   -0.744  0.456794
r$Relatorr10  -0.74364   0.38547   -1.929  0.053705 .
r$Relatorr11   0.14318   0.29416    0.487  0.626431
r$Relatorr12   0.11216   0.31429    0.357  0.721179
r$Relatorr13  -0.20934   0.25608   -0.817  0.413644
r$Relatorr14  -0.23404   0.34862   -0.671  0.502010
r$Relatorr15  -0.56397   0.30322   -1.860  0.062890 .
r$Relatorr16  -0.25505   0.28906   -0.882  0.377598
r$Relatorr17  -0.01004   0.23121   -0.043  0.965365
```

Fonte: elaboração do autor.

FIGURA 14
Regressão logística (tipo de processo, entidade, Ministério Público, ano do processo e ano do julgado)

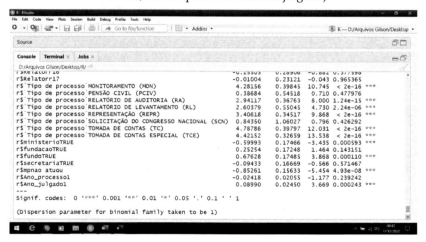

Fonte: elaboração do autor.

Na intersecção (coeficiente β_0), o relator é r00, o tipo de processo é aposentadoria, o ministério público atua, o ano do processo é 1995 e o ano do julgado é 2001. Para calcular a probabilidade de a decisão ser pela procedência com este conjunto de variáveis é utilizada a equação 1, onde $X_p=0$ para todas as variáveis:

$$p(r00, aposentadoria, mp\ atua, 1995,2001\ ) = \frac{e^{\beta_0+\beta_1 X_1+\cdots+\beta p X p}}{1+e^{\beta_0+\beta_1 X_1+\cdots+\beta p X p}}$$

$$= \frac{e^{\beta_0}}{1+e^{\beta_0}} = \frac{e^{-4.64320881}}{1+e^{-4.64320881}\ 0} = \frac{0,009626758}{1+0,009626758} = \frac{0,009626758598}{1,009626758}$$

$$P\ (r00, aposentadoria, mp\ atua, 1995,2001) = 0{,}0095\ (0{,}95\%)$$

A probabilidade de a decisão ser pela procedência para o conjunto de categorias das variáveis na intersecção é, portanto, de 0,95%. Este resultado está compatível com a Figura 5, onde a proporção de multas para o tipo de processo aposentadoria é de 1%.

Pode ser calculada, por exemplo, a probabilidade de a decisão ser pela aplicação de multa se o relator é r08, o tipo de processo é tomada de contas, o Ministério Público atua, a entidade é o Fundo Nacional de Saúde, o ano do processo é 1995 e o ano do julgado é 2001. A Tabela 2 mostra os coeficientes β para as categorias do exemplo.

TABELA 2
Coeficientes β para o exemplo

VARIÁVEIS	CATEGORIAS	COEFICIENTES (β)
	Interseção (β_0)	-4,64320881
Relator	r08	0,19304520
Tipo do processo	Tomada de contas	4,78786495
Entidade	Fundo nacional de saúde	0,67628494

Fonte: elaboração do autor.

Para calcular a probabilidade é usada a equação 1:

$$p(X) = \frac{e^{\beta_0+\beta_1 X_1+\cdots+\beta p X p}}{1 + e^{\beta_0+\beta_1 X_1+\cdots+\beta p X p}}$$

Para as categorias das variáveis presentes no exemplo tem-se Xp=1 e para as variáveis ausentes tem-se Xp=0.

p (r08, tomada de contas, mp atua,1995,2001, fundo) =

$$\frac{e^{-4,64820881+0,19304520+4,78786495+0,67628494}}{1+e^{-4,64820881+0,19304520+4,78786495+0,67628494}} =$$

$$\frac{e^{1,01898628}}{1+e^{1,01898628}} = \frac{2,756568}{1+2,756568}$$

p (r08, tomada de contas, mp atua, 1995,2001, fundo) = 0,7337 (73,37%)

Portanto, a probabilidade de uma decisão, com as categorias das variáveis do exemplo, ser pela aplicação de multa é de 73,37%.

No Gráfico 1, pode-se observar a regressão logística. No eixo vertical estão as probabilidades de a decisão ser pela aplicação de multa [Y=P(X)]. No eixo horizontal estão os 3.669 julgados ordenados de acordo com o valor de P(X).

GRÁFICO 1
Regressão logística

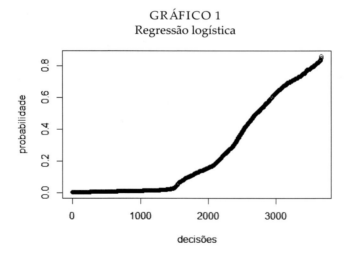

Fonte: elaboração do autor.

Além de explicar o comportamento de variáveis resposta, a regressão logística também pode ser usada para fazer predições. Conforme Kuhn e Johnson (2013, p. 286): "O modelo de regressão logística é muito popular devido à sua simplicidade e capacidade de fazer inferências sobre os parâmetros do modelo. Esse modelo também pode ser eficaz quando o objetivo é apenas predição [...]". Para probabilidades maiores que 50% [p(X)>0,5] pode-se predizer que a representação será julgada procedente e, no caso contrário, a representação será julgada improcedente. Na Tabela 3 e na Figura 15 podem ser observadas as predições comparadas com os julgados.

TABELA 3
Modelo preditivo

PREDIÇÕES	DECISÕES	
	Sem multa	Multa
Sem multa	2407	297
Multa	319	646

Fonte: elaboração do autor.

Os elementos da diagonal da matriz da Tabela 3 representam as predições verdadeiras (PV=2407+646=3053). Os elementos fora da diagonal representam as predições falsas (PF=319+297=616). Com isto podemos calcular a acurácia do modelo preditivo (A=PV/TOTAL). Acurácia = média de acertos do modelo preditivo = 3053/3669 = 0,8321 (83,21%).

FIGURA 15
Modelo preditivo no *software* R

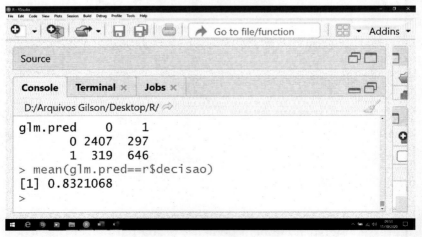

Fonte: elaboração do autor.

6.6 Considerações finais

Os acórdãos do TCU sobre decisões de aplicação de multa em processos sobre órgãos ou entidades de saúde foram descritos e função das variáveis do processo (relator, tipo de processo, órgão fiscalizado, atuação do Ministério Público de Contas, ano de abertura do processo, ano do julgado e duração do processo). Um modelo explicativo foi construído mediante regressão logística por meio do *software* estatístico R. Neste modelo a probabilidade de aplicação de multa pode ser calculada em função das variáveis do processo acima descritas. Todas as variáveis são ou têm categorias significantes para o nível de significância de 5%. Por fim, um modelo preditivo foi construído, por meio das probabilidades calculadas pela regressão logística. Ele permite predizer a aplicação de multa com uma acurácia de 83,21%. Os objetivos do trabalho foram, portanto, atingidos.

O estudo é quantitativo e isto é uma limitação. No entanto ele pode servir de ponto de partida para estudos qualitativos posteriores, que poderão explicar com maior profundidade os resultados encontrados. Esta é uma primeira sugestão para trabalhos futuros. A pesquisa utilizou técnica documental na sessão de jurisprudência do TCU. Os dados foram coletados, tratados, filtrados e analisados a partir da planilha eletrônica obtida na busca. Outra limitação é que não foram usadas ferramentas de mineração de dados (*data mining*) para obter dados de todo o processo. Se estas ferramentas fossem utilizadas, um maior número de variáveis explicativas significantes poderia ser agregado ao modelo, aperfeiçoando-o, e melhorar a acurácia do modelo preditivo. Esta é a segunda e última sugestão para estudos futuros.

Referências

ASSOCIAÇÃO BRASILEIRA DE JURIMETRIA. *O que é Jurimetria*. Disponível em: https://abj.org.br/o-que-e-Jurimetria/ Acesso em: 10 maio 2010.

BRASIL. *Decreto nº 100, de 16 de abril de 1991*. Institui a Fundação Nacional de Saúde e dá outras providências. Disponível em: http://www.planalto.gov.br/ccivil_03/decreto/1990-1994/D0100.htm. Acesso em: 17 out. 2020.

BRASIL. *Lei nº 8.443, de 16 de julho de 1992*. Dispõe sobre a Lei Orgânica do Tribunal de Contas da União e dá outras providências. Disponível em: http://www.planalto.gov.br/ccivil_03/leis/l8443.htm. Acesso em: 17 out. 2020.

BRASIL. Tribunal de Contas da União. *Resolução-TCU nº 246, de 30 de novembro de 2011*. Altera o Regimento Interno do Tribunal de Contas da União, aprovado pela Resolução TCU nº 155, de 4 de dezembro de 2002. Brasília, Tribunal de Contas da União, 2011.

BRASIL. *Decreto nº 8.867, de 3 de outubro de 2016.* Aprova o Estatuto e o Quadro Demonstrativo dos Cargos em Comissão e das Funções de Confiança da Fundação Nacional de Saúde, remaneja cargos em comissão, substitui cargos em comissão do Grupo Direção e Assessoramento Superiores – DAS por Funções Comissionadas do Poder Executivo – FCPE. Disponível em: http://www.planalto.gov.br/ccivil_03/_Ato2015-2018/2016/Decreto/D8867.htm. Acesso em: 17 out. 2020.

BRASIL. *Fundação Nacional de Saúde* (Funasa). Disponível em: http://www.funasa.gov.br/web/guest/a-funasa1. Acesso em: 17 out. 2020.

BRASIL. Fundação Nacional de Saúde (Funasa). *Resumo Orçamento Anual 2019* – FUNASA. Disponível em: http://www.funasa.gov.br/documents/20182/84474/QUADRO_RESUMO_LOA_2019_FUNASA.pdf/368c6dd5-c0f9-4dd1-8821-f965dccb1c16. Acesso em: 17 out. 2020.

BRASIL. *Fundo Nacional da Saúde* (FNS). Disponível em: https://portalfns.saude.gov.br/sobre-o-fns. Acesso em: 17 out. 2020.

BRASIL. *Portal da Transparência.* Disponível em: http://www.portaltransparencia.gov.br/funcoes/10-saude?ano=2019. Acesso em: 17 out. 2020.

BRASIL. Tribunal de Contas da União. *Pesquisa de Jurisprudência.* Disponível em: https://pesquisa.apps.tcu.gov.br/#/pesquisa/acordao-completo. Acesso em: 09 out. 2020.

GARCIA, G. P. Vigência e desafios da Lei de Responsabilidade Fiscal, Jurimetria e Tribunais de Contas: um estudo quantitativo sobre o Tribunal de Contas do Município de São Paulo. *Cadernos da Escola Paulista de Contas Públicas.* São Paulo: v. 1, n. 5, p. 49-64, 1º sem. 2020. Disponível em: https://www.tce.sp.gov.br/epcp/cadernos/index.php/CM/issue/view/8/Cadernos%205. Acesso em: 01 ago. 2020.

HILBE, J. M. *Practical Guide to Logistic Regression.* Boca Raton, CRC Press, 2015.

JAMES, G. *et al. An Introduction to Statistical Learning.* New York, Springer, 2013, 426p.

JOURNAL OF EMPIRICAL LEGAL STUDIES. Disponível em: https://onlinelibrary.wiley.com/page/journal/17401461/homepage/productinformation.html. Acesso em: 10 maio 2010.

KUHN, M.; JOHNSON, K. *Applied Predictive Modeling.* New York: Springer, 2013.

LUVIZOTTO, C. L.; GARCIA, G. P. A Jurimetria e os tribunais de contas. *Anais do I Congresso Internacional dos Tribunais de Contas; V Congresso Internacional de Controle e Políticas Públicas e XXX Congresso dos Tribunais de Contas do Brasil,* 11-14 nov. 2019. Coordenado por Instituto Rui Barbosa. Curitiba: IRB, p. 366-380, 2020a. Disponível em: https://irbcontas.org.br/wp-content/uploads/2020/08/Anais_CITC-final.pdf. Acesso em: 06 ago. 2020.

LUVIZOTTO, C. L.; GARCIA, G. P. A Jurimetria e sua aplicação nos tribunais de contas: análise de estudo sobre o Tribunal de Contas da União (TCU). *Revista Controle.* Fortaleza, v. 18, n. 1, p. 46-73, jan./jun. 2020.

NUNES, M. G. *Jurimetria*: como a Estatística pode reinventar o Direito. São Paulo: Revista dos Tribunais, 2016.

NUNES, M. G.; RAMOS, A. L. C. Estratégias para um ordenamento jurídico mais inteligível, barato e eficaz. *JOTA,* 04 dez. 2018. Disponível em: https://www.jota.info/especiais/estrategias-para-um-ordenamento-juridico-mais-inteligivel-barato-e-eficaz-04122018. Acesso em: 21 ago. 2019.

OLIVEIRA, L. Não fale do Código de Hamurabi! A pesquisa sócio-jurídica na pós-graduação em Direito. *In:* OLIVEIRA, L. *Sua Excelência o Comissário e outros ensaios de Sociologia jurídica.* Rio de Janeiro: Letra Legal, 2004, p. 1-26.

REVISTA DE ESTUDOS EMPÍRICOS DO DIREITO. Disponível em: https://reedrevista. org/reed/about. Acesso em: 10 maio 2010.

CAPÍTULO 7

TRIBUNAIS DE CONTAS, CONTROLE PREVENTIVO, CONTROLE SOCIAL E JURIMETRIA: UM ESTUDO SOBRE AS REPRESENTAÇÕES PARA SUSPENSÃO DE LICITAÇÕES[5]

7.1 Introdução

O controle externo exercido pelos Tribunais de Contas, em função da tempestividade em relação ao ato administrativo, é classificado em prévio, concomitante ou preventivo e posterior. O controle prévio, que não existe mais no ordenamento jurídico brasileiro, é condição necessária para a eficácia dos atos administrativos. A Organização Internacional de Entidades Fiscalizadoras Superiores (INTOSAI) trata do controle prévio na Declaração de Lima: "O controle prévio realizado por uma Entidade Fiscalizadora Superior tem a vantagem de poder impedir prejuízos antes de sua ocorrência, mas tem a desvantagem de gerar um volume excessivo de trabalho e confundir as responsabilidades previstas no direito público" (INTOSAI, 2016, p. 4).

A Associação de Membros dos Tribunais de Contas do Brasil (ATRICON) define controle concomitante ou preventivo (ATRICON, 2015, p. 37):

> Controle concomitante: todo aquele que fiscaliza de forma tempestiva a realização de atos e/ou procedimentos, no curso de sua formação e

---

[5] Publicado na *Revista Controle*, v. 19, n.1, jan./jun. 2021.

execução, para verificar a sua compatibilidade constitucional e legal, tendo como resultados alertas, medidas cautelares, recomendações, determinações, termos de ajustamento de gestão e sanções, entre outros, diante de fatos que possam comprometer a boa gestão; [...].

O controle preventivo, no qual medidas cautelares para a suspensão dos atos administrativos podem ser adotadas, é atualmente praticado pelos Tribunais de Contas no Brasil. Apesar do papel atual dos Tribunais de Contas ter sido estabelecido pela Constituição Federal de 1988, nos primeiros anos de sua vigência, a competência dos Tribunais de Contas para exercer o controle preventivo foi um tema controverso. Somente quinze anos depois, em 2003, o tema foi pacificado pelo julgamento de um mandado de segurança, apresentado ao Supremo Tribunal Federal (STF), quando a Corte decidiu que o TCU tinha legitimidade para suspender licitações.

Um dos usos mais frequentes do controle preventivo é a suspensão de processos licitatórios, até que determinações sejam cumpridas. Esta seria uma das formas mais eficazes de controle pelos Tribunais de Contas, uma vez que o mau uso do dinheiro público seria evitado. No controle posterior, o retorno aos cofres públicos de recursos gastos irregularmente teria eficácia muito menor. Por isto o controle preventivo ou concomitante é um dos indicadores (QATC-13) do Marco de Medição de Desempenho dos Tribunais de Contas (MMD-TC) da ATRICON (ATRICON, 2019, p. 14).

O controle social é uma forma de controle sobre a administração pública em que a iniciativa parte da sociedade. O controle social pode ser exercido pela apresentação de representações aos Tribunais de Contas para a adoção de medidas cautelares para a suspensão de licitações. Na petição, os representantes fazem pedidos (medidas cautelares propostas), em virtude de supostas irregularidades. Uma vez atendidos os requisitos de admissibilidade, as representações são conhecidas e sua procedência é julgada.

Fernandes *et al.* (2020) apresentam uma pesquisa sobre o controle preventivo de licitações no Tribunal de Contas do Município de São Paulo (TCMSP) no ano de 2018, concluindo que este controle é eficaz, uma vez que houve uma economia significativa de recursos públicos e a aderência da administração às determinações do TCMSP.

Os estudos empíricos do Direito têm sido uma vertente cada vez mais influente na pesquisa científica jurídica. Eles se preocupam com a aplicação da lei e suas consequências no campo concreto. A Jurimetria está no polo quantitativo desta corrente. Jurimetria é a aplicação da

Estatística ao Direito. A Jurimetria, usando a Inferência Estatística, permite fazer afirmações, com um nível de certeza e uma margem de erro conhecidos, sobre uma população de julgados a partir de uma amostra. Permite ainda, por meio da Estatística Descritiva, apresentar distribuições das diversas variáveis do processo para populações de julgados. Pode também, por meio de Regressão Logística, dar origem a modelos explicativos, nos quais relações de causa e efeito entre variáveis do processo e o conteúdo das decisões podem ser estabelecidas. Finalmente, por meio da Jurimetria podemos construir modelos preditivos, em que pode-se prever decisões por meio de variáveis preditoras.

Oliveira (2016) e Oliveira-Castro, Oliveira e Aguiar (2018) realizaram um estudo jurimétrico no TCU, enquanto Garcia (2020) aplicou a Jurimetria no TCMSP. Maia e Bezerra (2020) publicaram uma análise bibliométrica dos artigos científicos de Jurimetria publicados no Brasil, o que é uma evidência do crescente interesse que o tema tem despertado.

Segundo Nunes e Pereira (2013), a Jurimetria, ao estudar como tem sido a aplicação concreta das leis, pode fornecer informações relevantes para o aperfeiçoamento do processo legislativo, na revisão ou na edição de novas leis. Pode ainda contribuir para o planejamento de auditorias, na construção de matrizes de risco baseadas em evidências, melhorando o desempenho dos Tribunais de Contas por meio do aumento de sua eficiência e eficácia.

7.2 Fundamentação teórica

7.2.1 Controle preventivo

O controle preventivo exercido pelos Tribunais de Contas tem sido um tema polêmico e muitas vezes mal compreendido. Conforme Almeida (1999, p. 31):

> Não se deve confundir controle prévio com controle preventivo. O controle prévio condiciona a eficácia do ato administrativo ou de gestão à sua apreciação e validação pelo órgão de controle. Antes de produzir os efeitos desejados o ato de gestão deve ser convalidado e previamente autorizado pela Entidade Fiscalizadora do nível de governo competente. Foi praticado na França e na Bélgica durante muitos anos e no Brasil vigorou até o advento da Constituição Federal de 1967.
> Alguns estudiosos da matéria apontam o controle prévio como um dos responsáveis pela perda de prestígio internacional das Entidades Fiscalizadoras Superiores estruturadas segundo o modelo de Tribunal de

Contas, uma vez que esta modalidade de controle preconiza a observância de instâncias procedimentais que comprometem a tempestividade e a eficiência da ação pública além de sobrecarregar o órgão de controle.

De acordo com Silva Filho (2019) o debate em torno da adoção do controle prévio, preventivo ou posterior pelos Tribunais de Contas já estava colocado logo no início da República. Segundo Azevedo (2016) e Santos (2018), Rui Barbosa defendia a adoção do controle prévio por parte dos Tribunais de Contas:

> No Brasil, o Tribunal de Contas somente veio a ser criado efetivamente no primeiro ano da República, por meio do Decreto nº 966-A, de 07 de novembro de 1890, de iniciativa de Ruy Barbosa, que propunha a criação de um Tribunal de Contas com o objetivo de apreciar a legalidade da despesa antes mesmo de ser realizada, impedindo a realização de despesas ilegais por parte do ente público. (AZEVEDO, 2016, p. 63)

Conforme Gomes (2017, p. 109) a Constituição de 1934 foi a primeira a estabelecer o controle prévio em seu artigo 101: "Com isso, a Carta Política daquela época fez clara opção por um sistema de controle estrito e prévio, inclusive vinculando a validade dos referidos contratos à ratificação do Tribunal de Contas". Segundo Santos (1998) o controle prévio, ao longo do tempo, não resultou numa melhoria do processo fiscalizatório, além de onerar e retardar a administração. Por outro lado, o controle preventivo tem muitos defensores, como Almeida (1999, p. 32):

> O controle preventivo não impõe a análise preliminar do ato de gestão pelo órgão de controle como cláusula condicionante de sua implementação.
> [...]
> Controle preventivo é sinônimo de economia e qualidade na Administração Pública sem entraves burocráticos e insustentáveis preconizados pelo controle prévio.

Apesar das competências atuais dos Tribunais de Contas terem sido estabelecidas na Constituição de 1988, até 2003 havia uma polêmica a respeito do controle preventivo. O assunto foi pacificado com o julgamento do Mandado de Segurança MS 24510/DF, de 19 de novembro de 2003, do Supremo Tribunal Federal (STF). Neste Mandado de Segurança ficou estabelecido que o TCU tem legitimidade para a expedição de medidas cautelares (BRASIL, 2004):

O Tribunal (STF) [...] salientou que o Tribunal de Contas da União possui legitimidade para a expedição de medidas cautelares, em razão da garantia de eficácia que deve ser assegurada às decisões finais por ele proferidas (MS 24510/DF, rel. Ministra Ellen Gracie, 19.11.2003). (MS-24510).

Silva (2008) e Gomes (2017) esclarecem que uma interpretação teleológica da Constituição foi o que levou o STF a reconhecer a competência dos Tribunais de Contas para exercer o controle preventivo:

> Nesse sentido, o Supremo Tribunal Federal, ao julgar o Mandado de Segurança (MS) 24.510 (BRASIL, 2004), reconheceu que o Tribunal de Contas possui um poder geral de cautela, que se consubstancia em prerrogativas institucionais decorrentes das próprias atribuições que a Constituição expressamente outorgou à Corte de Contas para seu adequado funcionamento e alcance de suas finalidades. Naquela oportunidade, o STF aplicou a teoria dos poderes implícitos, no sentido de que, se eram estampadas tais e quais finalidades e competências, o Tribunal de Contas, em razão deste fim, deveria logicamente estar munido da capacidade de dar-lhes efetividade. (GOMES, 2017, p. 112)

O controle preventivo de licitações pelos Tribunais de Contas é uma das mais importantes utilizações deste instrumento. Guimarães (2012) advoga que o controle dos processos licitatórios jamais pode ser deixado apenas para o controle posterior. Segundo o autor, irregularidades e atos de corrupção podem ser evitados apenas por meio do controle preventivo. Ao contrário do controle preventivo, no qual os desvios de recursos públicos seriam evitados antes de sua ocorrência, no controle posterior existe grande dificuldade em que os recursos gastos de forma irregular retornem aos cofres públicos. Segundo Pascoal (2009, p. 104):

> Esse controle *a posteriori* da gestão, malgrado ter sua lógica orçamentário-financeira e ser importante sob o aspecto sancionador, pouco influencia na correção tempestiva de procedimentos e atos ilegais, deixando, por conseguinte, de evitar a consumação de ilegalidades e, o mais importante, deixando de impedir a concretização de danos e prejuízos ao erário. É forçoso reconhecer que, embora a Constituição tenha avançado ao conferir eficácia de título executivo às decisões dos Tribunais de Contas que imputem débito ou apliquem multas aos responsáveis, o percentual de ressarcimento dos débitos imputados e dos recolhimentos das multas aplicadas, graças ao anacronismo existente nas regras processuais de

execução civil, é muito baixo, o que só vem a reforçar os argumentos em prol do incremento do controle preventivo.

De acordo com Lima (2015) o controle preventivo não é um requisito para eficácia do ato administrativo. Atualmente, somente os atos de concessão de aposentadorias, pensões e de admissão de pessoal exigem o registro prévio para que surtam efeitos. No sistema constitucional vigente, na maioria dos casos, não há obrigatoriedade de registro dos atos administrativos para que eles sejam eficazes. O controle preventivo é uma forma excepcional de controle, sendo exercido apenas em algumas situações, como os editais de licitação. No entanto, Pascoal (2009) e Neves e Naves (2019) defendem que, apesar de não obrigatório, o controle preventivo é fundamental na atuação dos Tribunais de Contas:

> Não há dúvidas de que o fortalecimento do controle preventivo da gestão pública, exercido legitimamente pelos Tribunais de Contas, e, especialmente, o consubstanciado por meio de medidas cautelares e, mais especialmente, ainda, aquele exercido sobre procedimentos licitatórios, é um caminho sem volta e tem contribuído para a efetividade do controle e, por conseguinte, para o aperfeiçoamento da gestão pública e para a prevenção de ilicitudes. (PASCOAL, 2009. p. 114)

O TCU trata do controle preventivo no artigo 273 a 276 de seu Regimento Interno. O artigo 276 se refere à adoção de medidas cautelares para suspensão de atos administrativos (BRASIL, 2011, p. 64):

> Art. 276. O Plenário, o relator, ou, na hipótese do art. 28, inciso XVI, o Presidente, em caso de urgência, de fundado receio de grave lesão ao erário, ao interesse público, ou de risco de ineficácia da decisão de mérito, poderá, de ofício ou mediante provocação, adotar medida cautelar, com ou sem a prévia oitiva da parte, determinando, entre outras providências, a suspensão do ato ou do procedimento impugnado, até que o Tribunal decida sobre o mérito da questão suscitada, nos termos do art. 45 da Lei nº 8.443, de 1992.

Como o controle preventivo não é obrigatório, frequentemente ele tem origem em representações, que são uma forma de controle social por meio dos Tribunais de Contas. Segundo Santos (2002), o controle social se polariza com o controle externo estatal. Por meio do controle social, a sociedade organizada ou qualquer cidadão pode utilizar os instrumentos colocados à disposição pelos Tribunais de Contas, como as denúncias ou representações, para controlar a administração pública. As representações são exposições acerca de supostas irregularidades em assuntos de competência dos Tribunais de Contas. As representações e denúncias ao TCU são tratadas no parágrafo segundo do artigo 74 da Constituição Federal (BRASIL, 1988): "Qualquer cidadão, partido político, associação ou sindicato é parte legítima para, na forma da lei, denunciar irregularidades ou ilegalidades perante o Tribunal de Contas da União". O artigo 113 da Lei de Licitações e Contratos, Lei federal nº 8.666/93 (BRASIL, 1993), também trata das representações em licitações:

> Art. 113. O controle das despesas decorrentes dos contratos e demais instrumentos regidos por esta Lei será feito pelo Tribunal de Contas competente, na forma da legislação pertinente, ficando os órgãos interessados da Administração responsáveis pela demonstração da legalidade e regularidade da despesa e execução, nos termos da Constituição e sem prejuízo do sistema de controle interno nela previsto.
>
> §1º Qualquer licitante, contratado ou pessoa física ou jurídica poderá representar ao Tribunal de Contas ou aos órgãos integrantes do sistema de controle interno contra irregularidades na aplicação desta Lei, para os fins do disposto neste artigo.

7.2.2 Jurimetria

Existe um crescente interesse no mundo acadêmico pelos estudos empíricos do Direito. Conforme o *Journal of Empirical Legal Studies* (JELS), publicado pela *Society for Empirical Legal Studies* (SELS), sediada na *Cornell University Law School* (JOURNAL OF EMPIRICAL LEGAL STUDIES, 2020): "Um número crescente de estudiosos contemporâneos reconhece o valor da análise empírica na compreensão do sistema jurídico e seu papel na sociedade". Na mesma linha, a Escola de Direito de São Paulo, da Fundação Getulio Vargas, publica a *Revista de Estudos Empíricos do Direito* (REED):

> A Revista de Estudos Empíricos em Direito tem por missão fomentar uma cultura de pesquisa empírica no universo do Direito. Trata-se de uma revista acadêmica que objetiva, por meio da publicação de pesquisas empíricas e de reflexões teóricas sobre pesquisa, contribuir para uma maior abertura da academia jurídica a toda uma produção de diversas disciplinas que se debruçam sobre algum aspecto do Direito.
>
> Há por detrás deste projeto a crença de que tanto o aporte de dados de pesquisa empírica quanto uma reflexão metodológica e epistemológica

sobre esse tipo de pesquisa podem ser fatores de grande contribuição o avanço do conhecimento do Direito enquanto fenômeno social. (REVISTA DE ESTUDOS EMPÍRICOS DO DIREITO, 2020)

Os estudos empíricos do Direito representam uma verdadeira revolução científica. Muitos textos jurídicos recorrem ao reverencialismo ou argumento de autoridade e ao manualismo, em que a citação de autores de renome ou a articulação de citações de obras clássicas, recorrendo apenas à razão pura, sem evidências no mundo real, seriam suficientes para demonstrar que hipóteses são verdadeiras. Isto se deve, em parte, pela dificuldade de separar o operador de Direito do cientista.

A Jurimetria é o polo quantitativo dos estudos empíricos do Direito, é a Estatística aplicada ao Direito. A Jurimetria teve origem no Realismo Jurídico, movimento iniciado nos Estados Unidos, no século passado, que se preocupa com aspectos concretos, com a aplicação da lei, o campo do ser, em oposição ao Positivismo, predominante na Europa Continental, que se preocupa com aspectos mais abstratos, o campo do dever ser. Luvizotto e Garcia (2020a, 2020b) apresentam uma série de aplicações da Jurimetria no Brasil. Em 2011, foi fundada a Associação Brasileira de Jurimetria (ABJ), cujo presidente publicou uma das obras nacionais mais influentes sobre o tema: "Jurimetria: como a Estatística pode reinventar o Direito" (NUNES, 2016). Nesta obra o autor explica o papel da Jurimetria:

> Quando se faz Jurimetria, busca-se dar concretude às normas e instituições, situando no tempo e no espaço os processos, os juízes, as decisões, as sentenças, os tribunais, as partes etc. Quando se faz Jurimetria, enxerga-se o Judiciário como um grande gerador de dados que descrevem o funcionamento completo do sistema. Quando se faz Jurimetria, estuda-se o Direito através das marcas que ele deixa na sociedade. (ASSOCIAÇÃO BRASILEIRA DE JURIMETRIA, 2020)

7.3 Metodologia da pesquisa

Este é um estudo exploratório e quantitativo. A técnica utilizada é a pesquisa documental. Foi feita uma busca na sessão de jurisprudência do sítio eletrônico do Tribunal de Contas da União com as palavras edital, licitação, cautelar e suspensão, no dia 18 de julho de 2020. A Figura 1 mostra a busca feita para elaboração deste trabalho.

FIGURA 1
Sessão de pesquisa de jurisprudência do sítio eletrônico do TCU

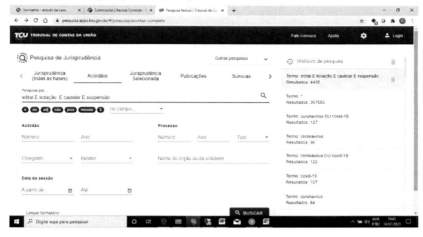

Fonte: Brasil (2020).

7.4 Resultados da pesquisa

A pesquisa resultou em 4.445 acórdãos, conforme pode ser observado na Figura 2.

FIGURA 2
Resultado da pesquisa

Fonte: Brasil (2020).

Neste conjunto inicial de 4.445 acórdãos foram realizados vários filtros utilizando o *software* livre R versão 4.0.0. No primeiro filtro foram selecionados apenas os acórdãos referentes ao Tipo de Processo *Representação* resultando num conjunto de 2.811 acórdãos. No segundo filtro foram separados apenas os acórdãos que continham a palavra *cautelar* no Sumário, com um resultado de 1.634. Finalmente, o terceiro filtro selecionou apenas os acórdãos que continham uma decisão quanto à procedência da representação, resultando num conjunto de 855 acórdãos a ser analisado.

7.5 Análise e discussão dos resultados

7.5.1 Análise exploratória de dados (Estatística Descritiva)

O Gráfico 1 mostra as decisões quanto à procedência das representações para o deferimento de medidas cautelares para a suspensão de licitações. De um total de 855 acórdãos, em 591 (69%) houve julgamento pela procedência em 264 (31%) pela improcedência dos pedidos.

GRÁFICO 1
Decisões quanto à procedência

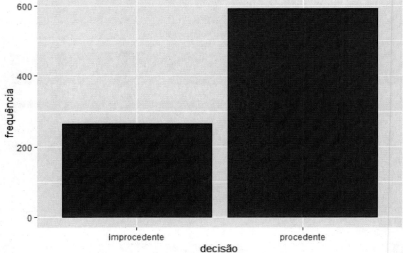

Fonte: elaboração do autor (2020).

O Gráfico 2 e a Tabela 1 mostram as decisões conforme o ano de abertura do processo.

GRÁFICO 2
Decisões por ano de abertura do processo

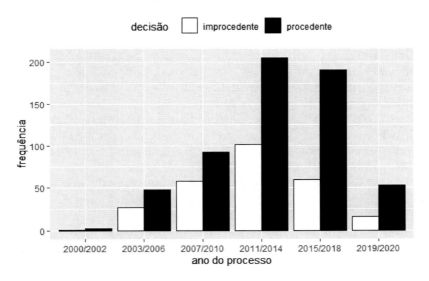

Fonte: elaboração do autor (2020).

TABELA 1
Decisões por ano de abertura do processo

Ano do processo	Frequência	%	Procedente Frequência	%	Improcedente Frequência	%
2000/2002	3		2	67	1	33
2003/2006	75		48	64	27	36
2007/2010	150		92	61	58	39
2011/2014	307		205	67	102	33
2015/2018	251		191	76	60	24
2019/2020	69		53	76	16	24
Total	855		591	69	264	31

Fonte: elaboração do autor (2020).

Pode-se observar um rápido crescimento das representações nos períodos iniciais até atingir um pico no período 2011-2014, seguido de uma redução no período 2015-2018. Como as representações são uma forma de controle social por meio dos Tribunais de Contas, este fato pode ser um indicador do aumento do controle social em períodos mais recentes. Apesar das competências dos tribunais para o período analisado terem sido estabelecidas na Constituição Federal de 1988 (BRASIL, 1988), observa-se o surgimento de um número expressivo de julgados apenas a partir do período 2003/2006. Deve-se observar que antes de 2003 havia uma polêmica a respeito da competência dos Tribunais de Contas para exercer o controle preventivo. O assunto foi pacificado com o julgamento do Mandado de Segurança MS 24510/DF, de 19 de novembro de 2003, do Supremo Tribunal Federal. Neste Mandado de Segurança ficou estabelecido que o TCU tem legitimidade para a expedição de medidas cautelares.

Na Tabela 1 pode ser observado que apesar do percentual de julgados pela procedência ter permanecido estável durante os quatro primeiros períodos analisados (2000 a 2014), houve um salto nos últimos dois períodos (2015 a 2020).

No Gráfico 3 pode-se observar a quantidade de acórdãos por duração do processo. As durações foram calculadas subtraindo-se o ano do julgado do ano de abertura do processo. Por isto a duração é apresentada em um número inteiro de anos. Nota-se que a maioria dos julgados ocorre no mesmo ano de abertura do processo, o que é esperado por se tratar de pedido de medidas cautelares.

GRÁFICO 3
Duração do processo

Fonte: elaboração do autor (2020).

A Tabela 2 mostra a quantidade de acórdãos por modalidade de licitação, em que pode-se observar que a modalidade mais frequente é o pregão (43%). Temos depois a concorrência (11%).

Os outros 46% referem-se a modalidades com menos de 10 observações (chamamento, tomada de preços, Regime Diferenciado de Contratação – RDC, concurso e leilão) ou a acórdãos em que a modalidade não está especificada no sumário. Nota-se que a concorrência tem um percentual de julgados pela procedência superior às outras modalidades.

TABELA 2
Decisões por modalidade de licitação

Modalidade de Licitação	Frequência	%	Procedente Frequência	%	Improcedente Frequência	%
Pregão	368	43	250	68	118	32
Concorrência	91	11	72	79	19	21
Outras	396	46	269	68	127	32
Total	855	100	591	69	264	31

Fonte: elaboração do autor (2020).

O Gráfico 4 mostra as decisões conforme o Ministro Relator (R1 a R9 se referem aos nove Ministros do TCU em exercício em 18.07.2020, e OUT se refere aos Ministros aposentados ou substitutos).

GRÁFICO 4
Decisões conforme o Ministro Relator

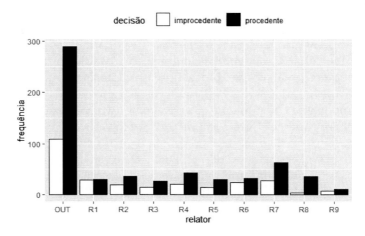

Fonte: elaboração do autor (2020).

No Gráfico 5 abaixo pode-se observar a decisão conforme a atuação do Ministério Público no processo. Nota-se que a proporção de decisões pela procedência é muito maior quando o Ministério Público não atua no processo.

GRÁFICO 5
Deferimento de medidas cautelares conforme a
atuação do Ministério Público no processo

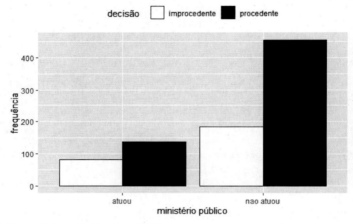

Fonte: elaboração do autor (2020).

7.5.2 Regressão logística – Modelo explicativo

A regressão logística é um modelo estatístico que permite explicar o comportamento de variáveis dependentes qualitativas. De acordo com Hilbe (2015, p. 3): "regressão logística é usada principalmente para modelar uma variável binária (0,1) com base em uma ou mais outras variáveis, denominadas preditores. A variável binária que está sendo modelada é geralmente referida como variável de resposta ou variável dependente". Neste estudo utilizaremos a regressão logística binária múltipla. Este modelo admite apenas dois valores possíveis para a variável resposta ou dependente (neste estudo, se a decisão é pela procedência ou improcedência da representação) e mais de uma variável explicativa ou independente (o ano de abertura do processo, a modalidade de licitação, o relator e a atuação do ministério público no processo, neste trabalho).

A regressão logística permite calcular ou prever a probabilidade de ocorrer um evento (variável resposta qualitativa binária, neste estudo a probabilidade da decisão ser pela procedência) para qualquer conjunto de variáveis explicativas. Esta probabilidade é dada pela função logística p(X), da equação 1 (JAMES *et al.*, 2013, p. 135):

Equação 1: Probabilidade de ocorrência de um evento para um dado conjunto de variáveis explicativas

$$p(X) = \frac{e^{\beta 0 + \beta 1 X 1 + \cdots + \beta p X p}}{1 + e^{\beta 0 + \beta 1 X 1 + \cdots + \beta p X p}}$$

Onde:
p(X): probabilidade de ocorrer um valor *Y* da variável resposta (neste estudo Y=1, ou seja, decisão pela procedência) para um determinado conjunto *(X)* de valores das variáveis explicativas *(X1,..., Xp)*. *p(X)* somente pode assumir valores entre 0 e 1.
β0, β1,..., βp: parâmetros da regressão logística.

A Tabela 3 mostra as variáveis utilizadas na regressão logística desta pesquisa e as suas respectivas categorias:

TABELA 3
Variáveis da regressão logística

NOME	VARIÁVEL	TIPO	CATEGORIAS
Decisão	Resposta	Categórica	Procedente (1) Improcedente (0)
Ano do processo	Explicativa	Categórica	2000/2002 2003/2006 2007/2010 2011/2014 2015/2018 2019/2020
Modalidade da Licitação	Explicativa	Categórica	Pregão Concorrência Outras
Relator	Explicativa	Categórica	R1 a R9 Outros
Ministério Público	Explicativa	Categórica	Atuou Não atuou

Fonte: elaboração do autor (2020).

A Tabela 4 mostra os coeficientes β que resultaram da regressão logística. Os coeficientes resultaram da aplicação da função glm (*generalized linear models*), família binomial, do *software* R versão 4.0.0, conforme Figura 3.

FIGURA 3
Função *glm* do R

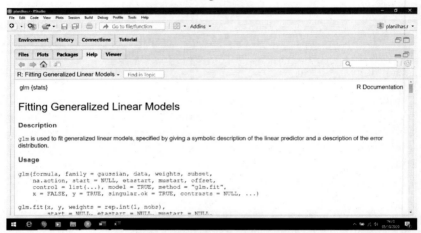

Fonte: elaboração do autor (2020).

TABELA 4
Coeficientes β

(continua)

VARIÁVEIS	CATEGORIAS	COEFICIENTES (β)
	Interseção (β0)	0.76300
	2003/2006	-0.08519
	2007/2010	-0.13083
Ano do processo	2011/2014	0.22659
	2015/2018	0.72322
	2019/2020	0.70783
	R1	-1.08148
	R2	-0.57404
	R3	-0.52726
	R4	-0.20500
Relator	R5	-0.35694
	R6	-0.76688
	R7	-0.14455
	R8	1.10815
	R9	-0.93904

(conclusão)

VARIÁVEIS	CATEGORIAS	COEFICIENTES (β)
Modalidade da Licitação	Pregão	-0.08796
	Concorrência	0.53737
Ministério Público	Não atuou	-0.04711

Fonte: elaboração do autor (2020).

A Figura 4 apresenta a tela do *software* estatístico R, com os coeficientes calculados pela regressão logística, e os correspondentes valores do erro-padrão, da estatística z e do p-valor. Dos valores de p constata-se que as únicas categorias de variável significantes para o nível de significância de 5% são os relatores R1 e R6. Para o nível de significância de 10% somam-se como significantes a modalidade de licitação concorrência e os relatores R2, R8 e R9. Portanto, ano do processo, a modalidade de licitação pregão, os relatores R3, R4, R5 e R7, e a atuação do Ministério Público não são significantes para o nível de significância de 10%.

FIGURA 4
Regressão logística

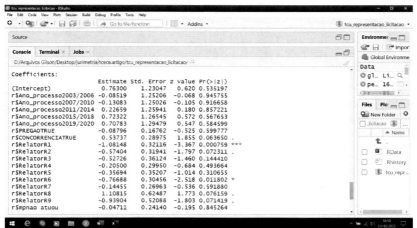

Fonte: elaboração do autor (2020).

Na intersecção (coeficiente β_0) o ano do processo está no intervalo 2000/2002, a modalidade de licitação é Outras, o Ministério Público atuou e o relator é Outros. Para calcular a probabilidade de a decisão ser pela procedência com este conjunto de variáveis é utilizada a equação 1, onde $X_p=0$ para todas as variáveis:

$$p(outras, atuou, outros) = \frac{e^{\beta 0 + \beta 1X_1 + \cdots + \beta pXp}}{1 + e^{\beta 0 + \beta 1X_1 + \cdots + \beta pXp}} =$$

$$\frac{e^{\beta 0}}{1 + e^{\beta 0}} = \frac{e^{0.76300}}{1 + e^{0.76300}} = \frac{2.1447059}{1 + 2.1447059} = \frac{2.14470598}{3.14470598}$$

$$p(2000/2002, outras, atuou, outros) = 0{,}6820 \ (68{,}20\%)$$

A probabilidade de a decisão ser pela procedência para o conjunto de categorias das variáveis na intersecção é, portanto, de 68,20%.

Pode ser calculada, por exemplo, a probabilidade de a decisão ser pela procedência se o ano do processo estiver no período 2011/2014. A modalidade foi pregão, o Ministério Público não atuou e o relator foi R1. A Tabela 5 mostra os coeficientes β para as categorias do exemplo.

TABELA 5
Coeficientes β para o exemplo

VARIÁVEIS	CATEGORIAS	COEFICIENTES (β)
	Interseção (β_0)	0.76300
Ano do Processo	2011/2014	0.22659
Ministério Público	Não atuou	-0.04711
Modalidade de Licitação	Pregão	-0.08796
Relator	R1	-1.08148

Fonte: elaboração do autor (2020).

Para calcular a probabilidade é usada a equação 1:

$$p(X) = \frac{e^{\beta 0 + \beta 1X1 + \cdots + \beta pXp}}{1 + e^{\beta 0 + \beta 1X1 + \cdots + \beta pXp}}$$

Para as categorias das variáveis presentes no exemplo tem-se Xp=1 e para as variáveis ausentes tem-se Xp=0.

$$p(2011/2014, pregão, não\ atuou, R1) =$$
$$\frac{e^{0.76300+0.22659-0.08796-0.04711-1.08148}}{1+e^{0.76300+0.22659-0.08796-0.04711-1.08148}} =$$

$$\frac{e^{-0,22696}}{1+e^{-0,22696}} = \frac{0.7969527}{1+0.7969527}$$

$$p(2011/2014, pregão, não\ atuou, R1) = 0{,}4435\ (44{,}35\%)$$

Portanto, a probabilidade de uma representação com as categorias das variáveis do exemplo ser julgada procedente é de 44,35%. No Gráfico 6 pode-se observar a regressão logística. No eixo vertical estão as probabilidades de a representação ser julgada procedente [Y=P(X)]. No eixo horizontal estão os 855 julgados ordenados de acordo com o valor de P(X). Embora cada decisão já tenha um julgado pela procedência ou improcedência (0 ou 1), o gráfico indica a probabilidade do julgado ser procedente para aquele mesmo conjunto de variáveis explicativas. Por exemplo, se uma decisão tem probabilidade de 50% de ser procedente, significa que, para o mesmo conjunto de variáveis, metade das decisões foi pela procedência e metade pela improcedência. E que para uma nova decisão futura com esse mesmo conjunto de variáveis, a probabilidade de decisão pela procedência é de 50%.

Gráfico 6 – Regressão logística

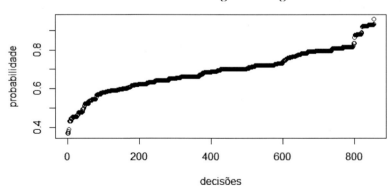

Fonte: elaboração do autor (2020).

Da manipulação da equação 1 chega-se à equação 2 abaixo.

$$P(X) = (e^{\beta_0+\beta_1 X_1+...+\beta_p X_p})e^{\beta_0+\beta_1 X_1+...+\beta_p X_p}$$
$$P(X) . e^{\beta_0+\beta_1 X_1+...+\beta_p X_p}) = e^{\beta_0+\beta_1 X_1+...+\beta_p X_p}$$
$$P(X)\ P(X).(e^{\beta_0+\beta_1 X_1+...+\beta_p X_p}) = e^{\beta_0+\beta_1 X_1+...+\beta_p X_p}$$
$$P(X) = e^{\beta_0+\beta_1 X_1+...+\beta_p X_p} - P(X).(e^{\beta_0+\beta_1 X_1+...+\beta_p X_p})$$
$$P(X) = (1- P(X)).(e^{\beta_0+\beta_1 X_1+...+\beta_p X_p})$$
$$P(X) / (1-P(X)) = e^{\beta_0+\beta_1 X_1+...+\beta_p X_p}$$

Equação 2 – Razão de Chances (*Odds Ratio*):

$$\frac{p(X)}{1-p(X)}\frac{p(X)}{1-p(X)} = e^{\beta_0+\beta_1 X_1+...+\beta_p X_p} = e^{\beta_0}.e^{\beta_1 X_1}....e^{\beta_p X_p}$$

A quantidade $p(X)/[1-p(X)]$ é chamada razão de chances (*odds ratio*). A razão de chances somente pode assumir valores entre 0 e ∞ (infinito). A Tabela 6 mostra a razão de chances para diferentes valores de probabilidade $p(X)$ de sucesso de um evento. A razão de chances torna mais fácil o cálculo das probabilidades para os diferentes conjuntos de variáveis porque basta multiplicar as razões de chance para efetuar este cálculo, em vez de recorrer a formas logarítmicas.

TABELA 6
Razão de chances (odds ratio) em função de $p(X)$

$p(X)$	Razão de Chances $p(X)/[1-p(X)]$
0,0	0,00
0,1	0,11
0,2	0,25
0,3	0,42
0,4	0,66
0,5	1,00
0,6	1,50
0,7	2,33
0,8	4,00
0,9	9,00
1,0	∞

Fonte: elaboração do autor (2020).

Da Equação 2 observa-se que a razão de chances $[p(X)/[1-p(X)]$ pode ser obtida pelo produto dos exponenciais do coeficiente β_0 (e^{β_0}) e dos coeficientes β_p (e^{β_p}) das categorias da variáveis presentes, uma vez que $X_p=1$ para as variáveis presentes e $X_p=0$ para as variáveis ausentes.

CAPÍTULO 7
TRIBUNAIS DE CONTAS, CONTROLE PREVENTIVO, CONTROLE SOCIAL E JURIMETRIA... | 177

A Tabela 7 apresenta os exponenciais dos coeficientes (eβp) para as diversas categorias das variáveis explicativas deste estudo.

TABELA 7
Exponenciais dos coeficientes $(e^{\beta p})$

VARIÁVEIS	CATEGORIAS	EXPONENCIAIS DOS COEFICIENTES (eβp)
	Interseção (β_0)	2.1447059
Ano do processo	2003/2006	0.9183401
	2007/2010	0.8773642
	2011/2014	1.2543092
	2015/2018	2.0610540
	2019/2020	2.0295881
Relator	R1	0.3390939
	R2	0.5632466
	R3	0.5902228
	R4	0.8146449
	R5	0.6998136
	R6	0.4644603
	R7	0.8654087
	R8	3.0287521
	R9	0.3910023
Modalidade da Licitação	Pregão	0.9158018
	Concorrência	1.7115082
Ministério Público	Não atuou	0.9539799

Fonte: elaboração do autor (2020).

Os valores das probabilidades para a intersecção e para o exemplo podem ser calculados a partir da razão de chances [p(X)/[1-p(X)] e dos exponenciais dos coeficientes (eβp).
Para a interseção:

$p(X)/[1-p(X)] = e^{\beta 0} = 2.1447059$
$p(X) = 3{,}3006577[1-p(X)] = 2.1447059 - 2.1447059p(X)$
$p(X) + 3{,}3006577\ p(X) = 2.1447059$
$3.1447059p(X) = 2.1447059$
$p(X) = 2.1447059/ 3.1447059 = 0{,}6820\ (68{,}20\%)$

A Tabela 8 mostra os exponenciais dos coeficientes (eβp) para as categorias do exemplo.

TABELA 8
Exponenciais dos coeficientes ($e^{\beta p}$) para o exemplo

VARIÁVEIS	CATEGORIAS	EXPONENCIAIS DOS COEFICIENTES ($e^{\beta p}$)
	Interseção (β_θ)	2.1447059
Ano do Processo	2011/2014	1.2543092
Ministério Público	Não atuou	0.9539799
Modalidade de Licitação	Pregão	0.9158018
Relator	R1	0.3390939

Fonte: elaboração do autor (2020).

$p(X)/[1-p(X)] = e^{\beta 0}.e^{\beta 1}....e^{\beta p}$
$p(X)/[1-p(X)] = 2{,}1447059 \times 1{,}2543092 \times 0{,}9539799 \times 0{,}9158018 \times 0{,}3390939$
$p(X)/[1-p(X)] = 0.7969536$
$p(X) = 0.7969536 [1-p(X)] = 0.7969536 - 0.7969536p(X)$
$p(X) + 0.7969536 (X) = 0.7969536$
$1.7969536 (X) = 0.7969536$
$p(X) = 0.7969536/1.7969536 = 0{,}4435026$ (44,35%)

Uma importante observação a fazer é que as categorias com valores das exponenciais dos coeficientes próximos da unidade pouco alteram a probabilidade da decisão pela procedência e relação ao valor base (intersecção: ano do processo 2000/2002, relator outros, Ministério Público atuou e modalidade outras). Por outro lado, quanto mais os valores se distanciam da unidade, maior a alteração no valor da probabilidade.

Na Tabela 7 pode-se notar que no período de 2003 a 2014 pouca alteração existe na probabilidade em relação ao período 2000/2002. Já no período de 2015 a 2020, o valor da razão de chances é maior que o dobro do que no período 2000/2002, indicando um significativo aumento da probabilidade de decisão pela procedência das representações. Com relação à modalidade de licitação, no caso de pregão a probabilidade pouco se altera em relação ao valor base, enquanto no caso de concorrência o valor da razão de chances é aumentado em cerca de 70%. Finalmente observa-se que a atuação do Ministério Público pouco altera a probabilidade de decisão pela procedência da representação. Estas considerações estão consistentes com os p-valores da Figura 4.

7.5.2 Regressão logística – Modelo preditivo

Além de explicar o comportamento de variáveis resposta, a regressão logística também pode ser usada para fazer predições. Conforme Kuhn e Johnson (2013, p. 286): "O modelo de regressão logística é muito popular devido à sua simplicidade e capacidade de fazer inferências sobre os parâmetros do modelo. Esse modelo também pode ser eficaz quando o objetivo é apenas predição [...]". O modelo preditivo é construído assumindo que para probabilidades maiores ou iguais a 50% [$p(X)\geq0,5$] a representação será julgada procedente e caso a probabilidade seja menor que 50% [$p(X)<0,5$] a representação será julgada improcedente. Na Tabela 9 podem ser observadas as predições comparadas com os julgados.

TABELA 9
Modelo preditivo

	DECISÕES	
PREDIÇÕES	Improcedente	Procedente
Improcedente	26	18
Procedente	238	573

Fonte: elaboração do autor (2020).

Os elementos da diagonal da matriz da Tabela 9 representam as predições verdadeiras (26+573=599). Os elementos fora da diagonal representam as predições falsas (238+18=256). Com isto podemos calcular a acurácia do modelo preditivo.
Acurácia = média de acertos do modelo preditivo = (26+599)/855 = 599/855 = 0.7005848 (70,05%).

7.6 Considerações finais

Os julgados do TCU relativos a representações solicitando adoção de medidas cautelares para suspensão de licitações por supostas irregularidades foram descritos. As frequências e percentagens das variáveis do processo (ano do processo, relator, modalidade de licitação e atuação do Ministério Público) foram apresentadas. A distribuição entre julgados pela procedência ou improcedência, para cada uma das categorias das variáveis do processo também foi mostrada. Um modelo explicativo foi construído, por meio de regressão logística, estabelecendo relações de causa e efeito entre a variável resposta (decisão pela procedência ou improcedência da representação) e as variáveis independentes. Assim, a probabilidade de decisão pela procedência de um determinado julgado pode ser calculada para um determinado conjunto de categorias de variáveis do processo. Finalmente, um modelo preditivo foi construído. Os objetivos do trabalho foram, portanto, atingidos.

Uma das limitações do trabalho é que a acurácia (70%) não é muito alta. Isso se deve provavelmente ao fato de ter sido usada a planilha fornecida na pesquisa na sessão de jurisprudência do sítio do TCU que contém apenas o sumário. Por isto, o número de candidatas a variável explicativa é limitado, o que pode não ter levado a uma acurácia suficientemente alta do modelo. A utilização de ferramentas mais sofisticadas de mineração de dados (*data mining*) e processamento de linguagem natural (*NLP*) pode permitir pesquisas no processo completo, em que outras variáveis explicativas podem ser juntadas ao modelo, tornando-o mais preciso, o que leva a uma primeira sugestão para trabalhos futuros.

O estudo é exploratório e quantitativo. A Jurimetria responde a perguntas do tipo *Como*? Resta responder as perguntas do tipo *Por que*?, que surgem a partir dos resultados quantitativos deste trabalho. Os resultados, por exemplo, mostraram que, quando o Ministério Público atua, a probabilidade de decisão pela procedência das representações é menor do que quando não atua, o que de certa forma é um achado surpreendente. Seria razoável supor que a atuação do Ministério Público traria mais evidências e argumentos a fortalecer a representação, aumentando a probabilidade pela procedência. A estas questões, estudos qualitativos posteriores poderão responder, o que leva à nossa segunda e última sugestão de trabalhos futuros.

Referências

ALMEIDA, F. C. R. O controle dos atos de gestão e seus fundamentos básicos. *Revista do TCU*, Brasília, n. 80, p. 17-50, 1999. Disponível em: https://bityli.com/s84S8. Acesso em: 2 ago. 2020.

ASSOCIAÇÃO BRASILEIRA DE JURIMETRIA. *O que é Jurimetria*. Disponível em: https://bityli.com/ttcMb. Acesso em: 10 maio 2010.

ATRICON. *Diretrizes para o aprimoramento dos Tribunais de Contas do Brasil*: resoluções da Atricon – Associação dos Membros dos Tribunais de Contas do Brasil. Recife: Atricon, 2015.

ATRICON. *Manual de procedimentos do MMD-TC*. Atricon, 2019.

AZEVEDO, J. M. Tribunais de Contas e suas competências constitucionais: limites à atuação do Poder Judiciário. *Fórum Administrativo – FA*. Belo Horizonte, n. 184, p. 59-67, 2016.

BRASIL. *Constituição da República Federativa do Brasil de 1988*. Brasília: Senado Federal, 1988.

BRASIL. Lei n° 8.666, de 21 de junho de 1993. Institui normas para licitações e contratos da Administração Pública e dá outras providências. *Diário Oficial da União*, Brasília: Senado Federal, 1993.

BRASIL. Tribunal de Contas da União. *Regimento Interno do Tribunal da União*. Brasília, Tribunal de Contas da União, 2011.

BRASIL. Supremo Tribunal Federal. *Mandado de Segurança 24.510*, Plenário, Relatora: Ministra Ellen Gracie, 19 mar. 2004. Brasília, DF, Diário da Justiça, 2004.

BRASIL. Tribunal de Contas da União. *Pesquisa de Jurisprudência*. Disponível em: https://bityli.com/P5YSb. Acesso em: 18 jul. 2020.

FERNANDES, M. A. *et al*. A eficácia do controle prévio de licitações realizado pelo Tribunal de Contas do Município de São Paulo. 2020. Trabalho de Conclusão de Curso (Curso de Especialização em Direito Público Municipal) – Escola Superior de Gestão e Contas Públicas do Tribunal de Contas do Município de São Paulo, São Paulo, 2020.

GARCIA, G. P. Vigência e desafios da Lei de Responsabilidade Fiscal, Jurimetria e Tribunais de Contas: um estudo quantitativo sobre o Tribunal de Contas do Município de São Paulo. *Cadernos da Escola Paulista de Contas Públicas*, São Paulo, v. 1, n. 5, p. 49-64, 2020. Disponível em: https://bityli.com/dpDUM. Acesso em: 1 ago. 2020.

GOMES, A. S. Controle da Administração Pública pelo Tribunal de Contas: limites materiais de suas decisões e extensão de suas atribuições constitucionais. *Revista Controle*, Fortaleza, v. 15, n. 1, p. 86-124, 2017. Disponível em: https://bityli.com/pOd9U. Acesso em: 4 ago. 2020.

GUIMARÃES, E. O Controle das Licitações como Instrumento de Combate à Corrupção. *In*: FREITAS, N. J. *Tribunais de Contas, aspectos polêmicos*. Belo Horizonte: Fórum, 2012. p. 73-86.

HILBE, J. M. *Practical Guide to Logistic Regression*. Boca Raton: CRC Press, 2015.

INTOSAI. *Declaração de Lima*. Brasília: Tribunal de Contas da União, 2016.

JAMES, G. *et al*. *An Introduction to Statistical Learning*. New York: Springer, 2013.

LIMA, G. C. R. *O Controle Prévio dos Editais de Licitação pelos Tribunais de Contas*. 2015. Dissertação (Mestrado em Direito) – Pontifícia Universidade Católica de São Paulo, São Paulo, 2015.

JOURNAL OF EMPIRICAL LEGAL STUDIES. Disponível em: https://bityli.com/UL8bx. Acesso em: 10 maio 2020.

KUH, M.; JOHNSON, K. *Applied Predictive Modeling*. New York: Springer, 2013.

CONGRESSO INTERNACIONAL DE CONTROLE E POLÍTICAS PÚBLICAS, 5.; CONGRESSO DOS TRIBUNAIS DE CONTAS DO BRASIL, 30., 2019, Foz do Iguaçu. *Anais do 1º Congresso Internacional dos Tribunais de Contas*. Foz do Iguaçu: Instituto Rui Barbosa, 2019. p. 366-380. Disponível em: https://bityli.com/av7Pd.

LUVIZOTTO; C. L.; GARCIA, G. P. A Jurimetria e sua aplicação nos tribunais de contas: análise de estudo sobre o Tribunal de Contas da União (TCU). *Revista Controle*. Fortaleza, v. 18, n. 1, p. 46-73, 2020. Disponível em: https://bityli.com/shCdl. Acesso em: 1 ago. 2020.

MAIA, M.; BEZERRA, C. A. Análise bibliométrica dos artigos científicos de jurimetria publicados no Brasil. *RDBCI: Revista Digital de Biblioteconomia e Ciência da Informação*, Campinas, v. 18, 2020. Disponível em: https://periodicos.sbu.unicamp.br/ojs/index.php/rdbci/article/view/8658889/22605. Acesso em: 6 ago. 2020.

NEVES, C. B.; NAVES, F. M. R. Controle concomitante de editais de licitação de obras como política pública de prevenção à corrupção. *Fórum Administrativo – FA*, Belo Horizonte, ano 19, n. 220, p. 20-32, jun. 2019.

NUNES, M. G. *Jurimetria*: como a Estatística pode reinventar o Direito. São Paulo: Revista dos Tribunais, 2016.

NUNES, M. G.; PEREIRA, G. S. J. Uso da Jurimetria pode melhorar a qualidade das leis. *CONJUR*, São Paulo, 2013. Disponível em: https://bityli.com/Vni9g. Acesso em: 23 ago. 2019.

OLIVEIRA, A. *Comportamento de gestores de recursos públicos*: identificação de contingências previstas e vigentes relativas à prestação de contas. 2016. Tese (Doutorado em Ciências do Comportamento) – Instituto de Psicologia, Universidade de Brasília, 2016.

OLIVEIRA-CASTRO, J. M.; OLIVEIRA, A.; AGUIAR, J. C. Análise comportamental do direito: aplicação de sanções pelo Tribunal de Contas da União a gestores com contas irregulares. *Revista de Estudos Empíricos em Direito*, São Paulo, v. 5, n. 2, 2018. p. 146-161.

PASCOAL, V. O Poder Cautelar dos Tribunais de Contas. *Revista do TCU*, Brasília, n. 115, 2009. p. 103-118.

REVISTA DE ESTUDOS EMPÍRICOS DO DIREITO. Disponível em: https://bityli:com/sXr0H. Acesso em: 10 maio 2020.

SANTOS, H. O controle da administração pública. *Revista do TCU*, Brasília, n. 75, 1988. Disponível em: https://bityli.com/WEUav. Acesso em 2 ago. 2020.

SANTOS, J. L. O TCU e os controles estatal e social da administração pública. *Revista do TCU*, Brasília, v. 33, n. 94, 2002. p. 13-47. Disponível em: https://bityli.com/i4apm. Disponível em: 2 ago. 2020.

SILVA FILHO, J. A. *Tribunais de Contas no Estado Democrático e os Desafios do Controle Externo*. São Paulo: Contra Corrente, 2019.

SILVA JÚNIOR, B. A. O exercício do poder cautelar pelos Tribunais de Contas. *Revista do TCU*, Brasília, v. 113, p. 33-40, 2008. Disponível em: https://bityli.com/olanu. Acesso em: 5 ago. 2020.

Esta obra foi composta em fonte Palatino Linotype, corpo 10
e impressa em papel Offset 75g (miolo) e Supremo 250g (capa)
pela Gráfica Formato.